KB264593

인물로 보는 세계 역사

LIVE 세계사

① 이탈리아

천재교육

글 이한율

'세상을 놀이처럼 배울 수는 없을까?'라는 의문을 품고 작가가 되었습니다.
역사, 과학, 수학 등의 이야기를 만화 스토리와 콘티로 재미있게 풀어쓰는 작업을 하고 있습니다.
쓴 책으로는 《수학 요괴전》, 《꿈꾸는 유비쿼터스 세상(우수과학도서 선정)》, 《만화 아프리카의 눈물》,
《열려라 지하도시》, 《날아라, 우주공학단》 등이 있고, 어린이 과학 잡지 《우등생 과학》에 '불똥' 시리즈를
연재하였습니다.

만화 윤재홍

《우리 속담》을 시작으로 꾸준히 학습만화를 그리고 있습니다.
대표 학습만화로는 《LIVE 과학》 시리즈, 《우등생 과학》의 '불똥의 돌연변이 세상'과 '탐정 탱구'가 있습니다.

학습·감수 황은희

고려대학교 역사교육과와 서울교육대학원 사회과교육과에서 공부했어요.
초등학교 교사로 재직하고 있으며, 어린이와 역사 교육에 대해 고민하며 활동하고 있습니다.
지은 책으로는 《그림으로 보는 한국사》, 《나의 첫 세계사 여행(인도·동남아시아)》, 《어린이들의 한국사(공저)》
등이 있습니다.

LIVE 세계사 ❶ 이탈리아

발행 | 2022년 5월 31일 초판 **인쇄** | 2023년 3월 30일 2쇄
발행처 | (주)천재교육
글 | 이한율 **만화** | 윤재홍 **삽화** | 나인완 **학습·감수** | 황은희
편집 | 천재교육 만화사업팀 **북디자인** | Design Plus
사진 제공 | 게티이미지, 문화재청, 셔터스톡, 위키피디아, 천재교육
신고번호 | 제2001-000018호(1980.5.28)
팩스 | 02-3282-1717
고객만족센터 | 1577-0902
주소 | 08513 서울특별시 금천구 가산로9길 54
홈페이지 | www.chunjae.co.kr

ISBN 979-11-259-7035-4 74900
ISBN 979-11-259-7034-7 74900 (세트)

인물로 보는 세계 역사
LIVE 세계사
① 이탈리아

이탈리아 역사 인물과 함께 역사 여행을 떠나요.

이탈리아는 남부 유럽에 자리하고 있는 나라예요. 우리나라처럼 삼면이 바다로 둘러싸인 장화 모양의 반도 국가이지요. 한반도보다 면적이 조금 더 넓은 나라로 지중해라는 바다에 접해 있어요. 여름에는 고온의 맑은 날이 이어지고 겨울에는 비교적 따뜻해 살기 좋은 곳이지요.

이탈리아 하면 사람들이 떠올리는 것이 바로 피자와 파스타, 올리브, 축구, 그리고 장인이 만들어낸 여러 가지 제품들이에요. 또한 로마 제국의 영광을 보여 주는 다양한 문화유산이 남아 있어 수많은 관광객들의 발길이 끊이지 않는 나라이기도 해요.

이탈리아의 수도는 로마예요. 한때 대제국을 건설했던 로마 제국의 이름과도 같아요. 로마는 테베레 강가의 언덕에 자리 잡은 작은 도시 국가에서 출발한 나라예요. 늑대 젖을 먹고 자란 로물루스가 건국했다고 전해지지요.

로마는 왕 대신 귀족과 평민이 함께 나라를 이끌어 가는 공화정이 시작된 나라예요. 이후 강한 군대를 키워 이탈리아 반도를 통일하고 지중해를 차지했으며, 지혜로운 황제들이 로마 제국을 다스리며 큰 번영을 누렸지요. '모든 길은 로마로 통한다'고 할 정도로 넓은 영토를 차지했고, 콜로세움, 아피아 가도 등 당시 영광을 보여 주는 많은 문화유산들을 남겼어요. 또한 로마 제국은 크리스트교를 세계 종교로 만드는 데 큰 역할을 했지요. 로마법은 훗날 만들어지는 유럽의 다양한 법들의 바탕이 되기도 했어요. 14세기에는 지중해 무역으로 상업이 발달했던 이탈리아 북부 도시들에서 로마와 그리스의 문화를 되살리는 운동이 일어나 학문과 예술이 발달하기도 합니다. 고대 유럽 문화의 뿌리를 간직한 나라인 이탈리아에는 어떤 흥미로운 이야기들이 숨어 있을까요?

황은희
서울 월천초등학교 교사

나비 효과! 연약한 나비의 날갯짓 하나가 지구 반대편에 있는 나라에 큰 태풍을 만들어 낼 수 있다는 뜻이에요. 오늘날 지구촌에 살고 있는 우리 모두가 밀접하게 서로 영향을 주고받는다는 것을 보여 주는 말이지요. 《LIVE 세계사》는 한국에서 태어났지만 세계인과 친구가 되고 함께 살아갈 여러분에게, 흥미 있는 세계사를 보여 줄 것입니다.

김태규
서울 장충고등학교 교사

현재 우리가 살아가는 지구에는 수많은 나라와 역사가 있어요. 그 역사 속 사람들을 알고 싶다면 《LIVE 세계사》를 읽어 보는 것은 어떨까요? 여러분이 꼭 알아 두면 좋을 인물을 중심으로 한 재미있는 만화를 읽을 수 있어요. 또 비슷한 시기 주변 국가의 이야기나 우리나라 역사와 관계있는 이야기도 담겨 있어 깊이 있게 세계사를 만날 수 있을 거예요.

김현숙
서울 덕수중학교 교사

《LIVE 세계사》는 세계 여러 나라의 역사를 중요 인물과 사건을 통해 살펴보고, 이와 관련된 주변 나라의 역사와 나아가 세계 역사 흐름을 살펴보려는 책입니다. 인물과 사건, 그리고 유적과 유물을 통해 세계는 연결되어 있고, 과거와 현재가 연결되어 있음을 알 수 있습니다. 세계 속 인물을 통해 과거와 현재 그리고 세계 곳곳을 찾아 여행을 떠나요!

왕홍식
서울 보성중학교 교사

여러분이 친구들과 많은 것을 함께 나누는 것처럼 세계 여러 나라 사람들도 이웃 나라, 심지어 지구 반대편 먼 나라 사람들과 만나 많은 것을 주고받았어요. 그 결과물이 세계사이지요. 《LIVE 세계사》는 곳곳에 우리나라 이야기도 들어 있어 편하게 만날 수 있을 거예요.

이강무
서울 인창중학교 교사

Start

1

여행 지도

해당 나라의 지도와
함께 수도, 언어, 기후,
국기 등 기본 정보를
알아봅니다.

2

만화와 정보 박스

세계 역사 속 주요 인물을
재밌는 스토리와 함께
만화로 만나 봅니다.
정보 박스를 통해
놓치기 쉬운 학습 정보를
보충합니다.

3

세계사 들여다보기
세계사 넓게 보기
세계사 깊게 보기

해당 나라에 관련된
정보를 읽고,
그 시기에 주변 나라와
우리나라는 어떤 일이
있었는지 살펴봅니다.

세계사 들여다보기·이탈리아

로마의 공화정

로마는 기원전 753년 이탈리아 반도 중부에 있는 테베레 강가 언덕
작은 도시 국가에서 출발했어요. 처음에는 에트루리아 사람이 왕이 도
귀족 대표들이 모인 원로원은 자문 역할을 했어요. 하지만 왕이 모든 일
기원전 510년 즈음 원로원은 왕을 몰아내 버렸어요. 그리고 새로운 왕
귀족 출신 집정관을 뽑아 나랏일을 맡겼어요. 그러자 평민들도 자신들
민회를 구성해 나랏일에 참여했고, 나중에는 평민들도 집정관이 되어

그라쿠스 형제

(형) 티베리우스 그라쿠스 (기원전 163년?~기원전 133년)
(동생) 가이우스 그라쿠스 (기원전 154년?~기원전 121년)

기원전 2세기, 로마는 포에니 전쟁에서 승리해 *지중해의 주인이 되었고,
그 주변 지역까지 차지했습니다. 덕분에 귀족들은 넓은 땅을 갖고 곡물을
싼값에 팔아 더 부자가 되었지만, 목숨 걸고 전쟁에 참여했던 농민들은
땅을 잃고 가난해졌지요. 이때 그라쿠스 형제가 나서며 귀족의 *권한을
이고 농민의 안정된 생활을 위한 새 법을 제안했어요. 하지만 귀족들의
부딪혔고 결국 목숨을 잃어 개혁은 이루어지지 못했습니다.

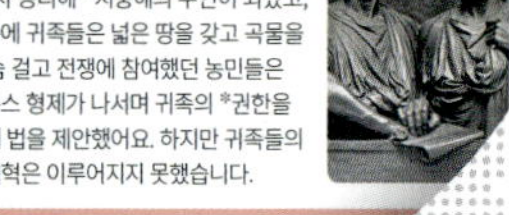

아, 아프리카 세 대륙에 둘러싸인 바다.
이 권리나 권력이 미치는 범위.

4 놀이 퀴즈

미로 찾기, 가로세로
낱말 퀴즈, 사다리 타기 등
재밌는 퍼즐을 이용해
학습한 내용을
확인해 봅니다.

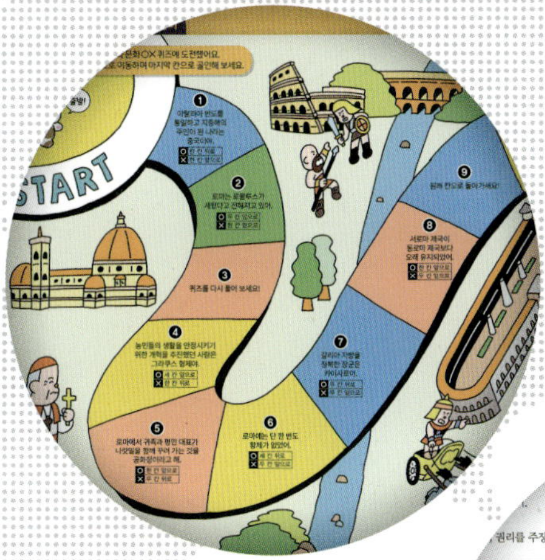

5 문제 퀴즈

세계사와 관련된 다양한
유형의 문제를 풀면서
학습한 내용을 점검하고
교과를 비롯한 여러 가지
시험에 대비합니다.

6 연표　End

인물과 사건을 중심으로
역사의 흐름을 이해하고
같은 시기에 우리나라와
다른 나라에서 일어난
사건과 비교해 봅니다.

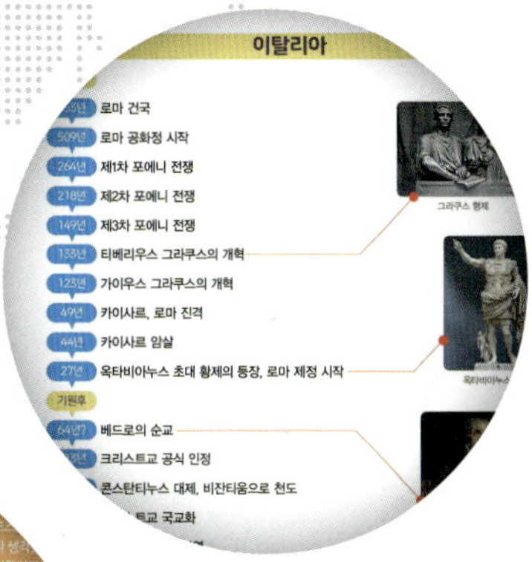

이탈리아

수도

로마는 이탈리아의 수도이자 최대 도시로서
오랫동안 유럽의 중심 도시였어요.
오늘날은 세계적인 관광지로 손꼽히지요.

언어

이탈리아어는 이탈리아와 주변 지역에서 약 6천만 명의 인구가 사용해요.
J, K, W, X, Y가 빠진 총 스물한 자의 알파벳으로 되어 있어요.

지리

반도와 두 개의 큰 섬으로 이루어져요.
북부 지역에는 알프스 산맥이 있으며,
아펜니노산맥이 남북으로 길게 뻗어 있어요.

기후

국토가 남북으로 긴 탓에 여러 기후가 나타나요.
주로 여름은 덥고 건조하며, 겨울은 따뜻하고 습도가 높은 지중해성 기후예요.

화폐

과거에는 '리라'라는 화폐 단위를 사용했지만
1999년부터 유럽 단일 통화인 유로를 사용하고 있어요.

종교

인구의 85% 정도가 가톨릭이에요.
로마 시내에는 교황이 통치하는 작은 도시 국가인 '바티칸 시국'이 있어요.

산업

올리브, 포도, 오렌지 등 다양한 농산물을 생산하며
전 세계 패션 시장을 이끄는 여러 명품 브랜드도 보유하고 있어요.

세계 유산

세계에서 가장 많은 문화유산을 가진 나라 중 하나예요.
특히 피렌체와 베네치아는 도시 전체가 유네스코가 지정한 세계 문화유산이지요.

국기
초록색은 아름다운 국토를, 흰색은
정의와 평화의 정신을, 빨간색은 나라를
사랑하는 마음을 뜻해요.
밀라노
베네치아
구리아해
아드리아해
로마
나폴리
사르데냐
티레니아해
시칠리아
이오니아해

해리

이상한 나라의 정원사.
격투기에 뛰어나며,
힘이 아주 세요.

그루

이상한 나라의 요리사.
남을 잘 보살피지만
음식 앞에서는 약해져요.

도기

무관심해 보여도
새로운 것을 배울 때면
집중력이 높아져요.

하트 공주

이상한 나라
하트 여왕의 외동딸.
자기만의 왕국을
세우려고 해요.

가로

하트 공주의 부하.
충성심으로 가득하지만
엉뚱한 행동으로 일을
그르치기도 해요.

세로

하트 공주의 부하.
공주의 말이라면 무조건
따르며, 눈치가 빨라
행동도 빨라요.

가이우스 그라쿠스

로마의 호민관.
포에니 전쟁으로 살기
힘들어진 농민들을 위해
개혁에 힘썼어요.

옥타비아누스

로마 제국의 첫 번째 황제.
로마의 황제 지배 체계를
만들었어요.

베드로

예수의 첫 번째 제자.
많은 사람들에게
크리스트교를 널리
퍼뜨렸어요.

유스티니아누스 1세

동로마 제국의 황제.
그동안 만들어진 법을 정리해
《로마법 대전》을 완성했어요.

레오나르도 다빈치

르네상스를 대표하는 화가.
과학이나 음악, 해부학, 건축 등에
뛰어난 재능을 보여
많은 작품을 남겼어요.

차례

이상한 나라 안내서
여기는 이상한 나라.
세상의 지식과 상상이 모여 만들어진 마법의 나라예요.
하트성
레스토랑
도서관
정원
음악관
인간, 동물, 요정, 마법사, 책 속의 인물 등 다양한 이들이 살고 있지요.

이상한 나라에서 가장 중요한 곳은 도서관이에요. 인간 세계와의 균형을 보여 주는 절대시계가 있거든요. 인간 세계가 흔들리면 여기도 무사하지 못해요.
도서관에 인간 세계로 넘어가는 시간의 문이 있다는 건 안 비밀!
껄
껄
이상한 나라는 항상 평화로워요. 가끔 하트성에 사는 공주가 말썽을 일으킬 때 빼고는요.
엄마, 미워!
너 사춘기니?
오늘은 어떤 하루가 시작될까요?
덜
덜
덜

하트 공주의 *반항

*반항 다른 사람이나 대상에 맞서 대들거나 반대함.
*대출 돈이나 물건 등을 빌려주거나 빌림.

*부하 일에서 자기보다 낮은 자리에 있는 사람.
*납치 어떤 방법으로 강제로 데리고 감.

그루, 해리.
지금부터 너희를
하트 공주를 찾아올
특사로 임명한다!

엥?

우린 그냥
놀러 온 거야.

오, 마침
딱이구나!

껄
껄

쩔
쩔

인간 세계의 요리가
궁금하지 않아?

세계적인 운동선수와
겨루고 싶지 않냐고~!

요리?

띠용-

관장님,
준비한 물건
주세요!

좋아!

세계사의 시기를
알려 주는 회중시계야.
시간의 문도 열 수 있지.

이건 하트 공주의
발자국을 볼 수 있는 마법 안경!
발자국은 시간이 지나면
사라지니 주의하렴.

*도움 남을 돕는 일.
*부탁 어떤 일을 해 달라고 말하거나 맡김.

그라쿠스 형제의 *개혁

*개혁 관습이나 도덕, 법 등 사회 제도나 조직, 모임의 구성을 뜯어고침.
*충격 서로 세차게 부딪침.

*기원전 예수가 태어난 해를 시작의 기준으로 그 이전.
*노리다 무엇을 이루려고 모든 마음을 쏟아서 눈여겨보다.

***태블릿** 손이나 전용 도구로 화면에 정보를 직접 입력할 수 있도록 만든 컴퓨터.

***선출** 여럿 가운데서 골라냄.

*동등 사물의 성질이나 가치 등이 같음.
*무기 전쟁이나 싸움에 사용되는 기구를 통틀어 이르는 말.

*검투사 칼을 가지고 서로 맞붙어 싸우는 사람.
*훈련 기본자세나 동작 등을 되풀이하여 익힘.

*함부로 조심하거나 깊이 생각하지 아니하고 마음 내키는 대로 마구.
*도둑 남의 물건을 훔치거나 빼앗는 사람.

*변명 어떤 잘못이나 실수에 대해 이유를 말함.
*공격 운동 경기 등에서 상대편을 이기기 위한 적극적인 행동.

*기술 사물을 잘 다룰 수 있는 방법이나 능력.

*무술 무기 쓰기, 주먹질, 발길질, 말달리기 따위의 몸을 쓰는 기술.
*노예 남의 물건처럼 되어 부림을 당하는 사람.

***부익부** 부자일수록 더욱 부자가 됨.
***빈익빈** 가난할수록 더 가난해짐.

***탐내다** 가지거나 차지하고 싶어 하다.
***연설** 여러 사람 앞에서 자기의 주장 또는 의견을 자세하게 이야기함.

*기대 어떤 일이 원하는 대로 이루어지기를 바라면서 기다림.

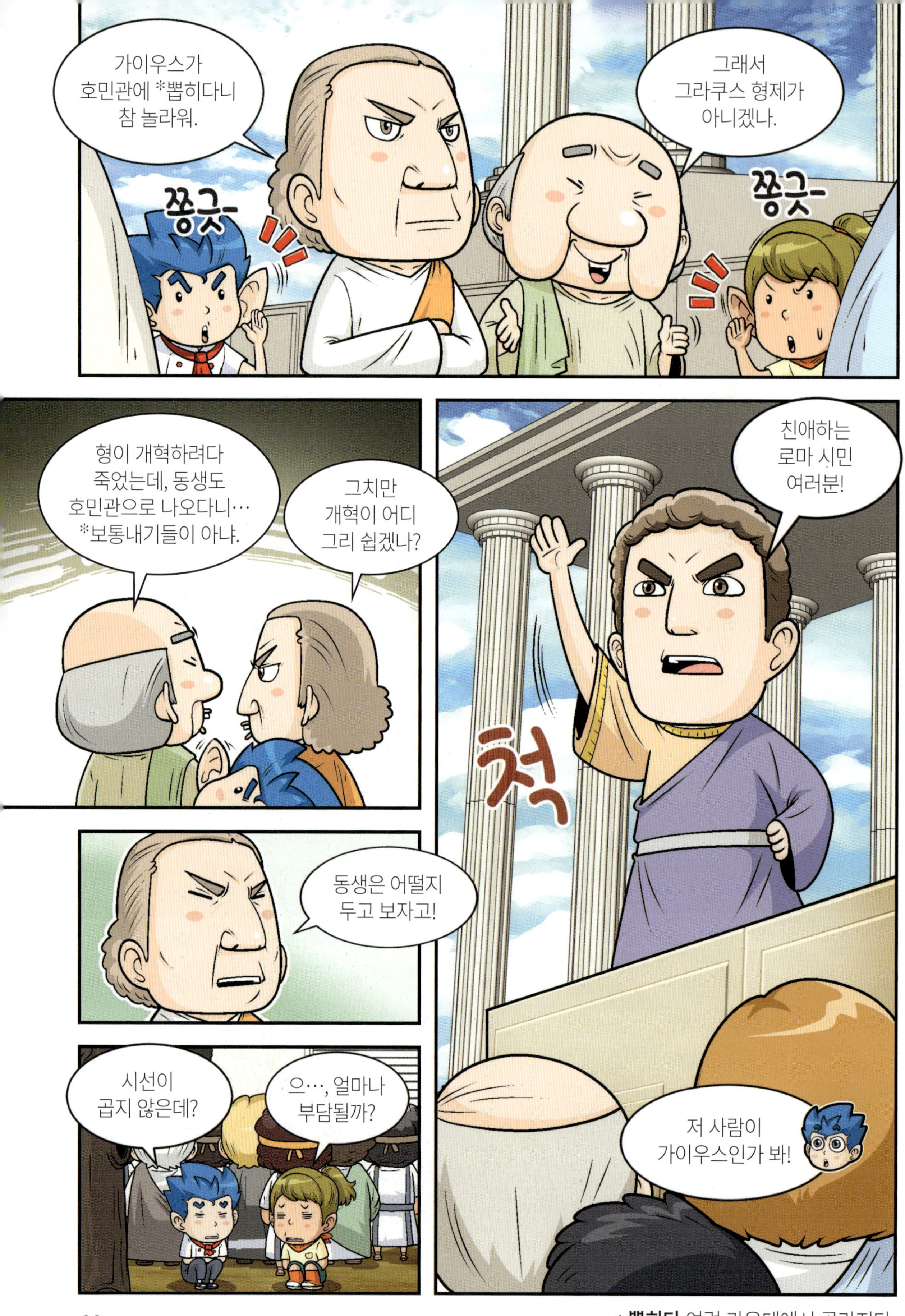

*뽑히다 여럿 가운데에서 골라지다.
*보통내기 만만하게 여길 만큼 평범한 사람.

그라쿠스 형제

(형) 티베리우스 그라쿠스 (기원전 169 또는 164년?~기원전 133년)
(동생) 가이우스 그라쿠스 (기원전 160 또는 153년?~기원전 121년)

기원전 2세기, 로마는 포에니 전쟁에서 승리해 *지중해의 주인이 되었고, 그 주변 지역까지 차지했습니다. 덕분에 귀족들은 넓은 땅을 갖고 곡물을 싼값에 팔아 더 부자가 되었지만, 목숨 걸고 전쟁에 참여했던 농민들은 땅을 잃고 가난해졌지요. 이때 그라쿠스 형제가 나서며 귀족의 *권한을 줄이고 농민의 안정된 생활을 위한 새 법을 제안했어요. 하지만 귀족들의 반대에 부딪혔고, 결국 목숨을 잃어 개혁은 이루어지지 못했습니다.

*지중해 유럽, 아시아, 아프리카 세 대륙에 둘러싸인 바다.
*권한 어떤 사람이나 기관의 권리나 권력이 미치는 범위.

34

*고삐 말이나 소 등을 몰거나 부리려고 잡아매는 줄.
*재판 사건을 해결하기 위해 공적인 판단을 내리는 일.

*박력 힘 있게 밀고 나가는 힘.
*파격 환경이나 상황 등에 정해져 있는 일정한 격식을 깨뜨림. 또는 그 격식.

***동맹국** 서로의 이익이나 목적을 위해 똑같이 행동하기로 약속한 나라.
***시민권** 일반 국민이나 주민이 누리고 가지는 권리.

***동요** 어떤 체제나 상황 등이 혼란스럽고 술렁임.
***자격** 일정한 신분이나 지위.

*선거 조직이나 집단이 대표자나 임원을 뽑는 일.
*배신자 믿음이나 지켜야 할 바른 일을 잊거나 어긴 사람.

*돌변 생각치 못하게 갑자기 달라지거나 달라지게 함.
*반전 일이 되어 가는 모양이나 형편이 뒤바뀜.

*비열 사람의 하는 짓이나 성품이 좋지 않고 서투름.
*선수 남이 하기 전에 앞질러 하는 행동.

*예사롭다 흔히 있을 만하다.
*진정 감정이나 아픔 등을 가라앉힘.

***민심** 백성의 마음.
***나약하다** 의지가 굳세지 못하다.

*갑옷 예전에, 싸움을 할 때 적의 창검이나 화살을 막기 위하여 입던 옷.
*단검 길이가 짧은 칼.

*위대하다 능력이나 결과가 뛰어나고 훌륭하다.
*친히 직접 제 몸으로.

*포기 하려던 일을 도중에 그만두어 버림.
*비겁하다 하는 짓이 더럽고 겁이 많다.

*장관 나랏일을 나누어 맡아 처리하는 행정 각부의 우두머리.
*재능 어떤 일을 하는 데 필요한 재주와 능력.

*표정 마음속에 품은 감정이나 정서 따위의 심리 상태가 겉으로 드러남.

***무엄하다** 조심하거나 어려워하지 않고 아주 예의가 없다.
***사라지다** 물체가 없어지다.

*대다 무엇을 어디에 닿게 하다.
*쫓아가다 어떤 대상을 만나기 위하여 급히 가다.

로마의 공화정

로마는 기원전 753년 이탈리아 반도 중부에 있는 테베레 강가 언덕에 모여 살던 라틴족이 세운
작은 도시 국가에서 출발했어요. 처음에는 에트루리아 사람이 왕이 되어 로마를 다스렸지요.
귀족 대표들이 모인 원로원은 자문 역할을 했어요. 하지만 왕이 모든 일을 자기 마음대로 하자
기원전 510년 즈음 원로원은 왕을 몰아내 버렸어요. 그리고 새로운 왕을 세우는 대신 두 명의
귀족 출신 집정관을 뽑아 나랏일을 맡겼어요. 그러자 평민들도 자신들의 권리를 주장하며
민회를 구성해 나랏일에 참여했고, 나중에는 평민들도 집정관이 되어 로마를 다스렸어요.

그라쿠스 형제의 개혁

기원전 264년부터 기원전 146년 사이에 세 차례에 걸쳐 일어난 포에니 전쟁 이후, 귀족들은 더 부자가 되고 농민들은 전쟁으로 땅을 잃어 가난한 생활을 이어 갔어요. 이런 상황에서 개혁의 깃발을 든 사람이 그라쿠스 형제예요. 먼저 형인 티베리우스 그라쿠스는 법을 만들어 귀족들이 넓은 땅을 차지하는 것을 막고 대신 농민들에게 땅을 나눠 주려 했어요. 하지만 귀족들의 반대에 부딪혀 실패하고 암살당했죠. 형을 이어 동생 가이우스 그라쿠스가 나섰지만, 이번에도 귀족들이 그를 가만두지 않았고 결국 스스로 목숨을 끊었어요.

포에니 전쟁

기원전 272년, 이탈리아 반도 전체를 차지한 로마는 이제 지중해를 장악해 무역의 주도권을 차지하려고 했어요. 그러면서 당시 지중해를 주름잡던 카르타고와 전쟁을 시작했죠. 약 120년 동안 총 세 차례에 걸쳐 벌어진 이 전쟁을 포에니 전쟁이라고 해요. 제2차 전쟁 때 한니발 장군이 알프스산맥을 넘어 침입해 로마는 힘겨운 전쟁을 치러야 했어요.(코끼리 부대가 알프스산맥을 정말 넘었는지에 대해서는 의견이 나뉘고 있어요.) 하지만 결국 한니발 부대를 물리쳤고, 제3차 전쟁에서는 카르타고가 다시는 일어서지 못하도록 짓밟아, 지중해의 주도권을 차지했어요.

신라의 화백 회의

로마와 같이 우리나라 삼국 시대에도 귀족들이 모여 나랏일을 의논하던 제도가 있어요.
대표적인 것이 신라의 화백 회의예요. 전쟁을 벌이거나 불교를 받아들이는 일, 왕을 바꾸는
일 등 국가의 중대한 일을 결정하던 회의였어요. 이 회의에서는 모든 사람이 찬성해야 하는
만장일치를 통해 결정을 내렸어요. 모든 사람이 뜻을 모으는 일은 그리 쉬운 일이 아니었으니,
얼마나 중요한 일이 회의 주제였는지 짐작할 수 있지요? 화백 회의를 통해 신라가 국왕 중심의
나라였지만 여전히 귀족들의 세력이 강했음을 알 수 있어요.

퀴즈 신라 시대에 귀족들이 모여 나랏일을 의논하던 제도는? ① 화백 회의 ② 화상 회의

*초대 황제 옥타비아누스

54

*초대 첫 번째에 해당하는 차례.
*노리다 무엇을 이루려고 모든 마음을 쏟아서 눈여겨보다.

*갈래 하나에서 둘 이상으로 갈라져 나간 부분.
*흩어지다 모였던 것이 따로따로 떨어져 퍼지다.

*광장 많은 사람이 모일 수 있게 거리에 만들어 놓은 곳.
*지켜보다 주의를 기울여 살펴보다.

*공화정 국민이 뽑은 대표자 또는 대표 기관이 나라를 다스리는 제도의 정치.
*제국 황제가 다스리는 나라.

***다스리다** 국가나 사회, 집안의 일을 보살펴 관리하다.
***복잡하다** 일이나 감정 등이 뒤섞여 혼란스럽다.

옥타비아누스 (기원전 63년~14년)

카이사르 장군의 양아들이었던 옥타비아누스는 로마의 첫 번째 황제입니다. 그는 경쟁자였던 안토니우스를 물리치고 권력을 차지해 로마 제1의 시민이 되었어요. 당시에는 그를 황제라고 부르지는 않았지만 사실상 황제와 같은 역할을 했기에 이때부터 로마 *제정이 시작된 것으로 보고 있습니다. 원로원에서는 옥타비아누스를 '*존엄한 자'라는 뜻의 '아우구스투스'라고 높여 불렀어요. 그는 41년 동안 황제로서 역할을 충실히 하며 로마 번영의 기반을 다졌답니다.

*제정 황제가 다스리는 제도의 정치.
*존엄 인물이나 지위가 높고 위엄이 있음.

***잠잠하다** 소란하지 않고 조용하다.
***걸고넘어지다** 자신의 책임이나 죄에 상관 없는 사람을 끌어들여 트집을 잡다.

*경계하다 뜻밖의 일이 생기지 않도록 주변을 살피며 지키다.
*유지 어떤 상태나 상황을 그대로 보존하거나 계속 두는 것.

***현명** 어질고 슬기로움.
***체면** 남을 대하기에 떳떳한 도리나 얼굴.

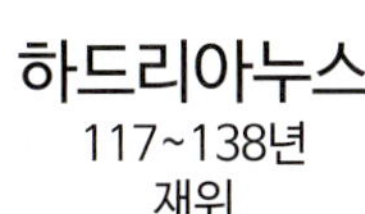

***평화** 평온하고 화목함.
***재위** 임금의 자리에 있음.

*농땡이 일을 하지 않으려고 꾀를 부리며 게으름을 피우는 짓.
*신전 신을 모신 커다란 집.

***낫다** 보다 더 좋다.
***영광** 빛나고 아름다운 명예.

66

*데려가다 누구를 이끌어 함께 가다.
*땡볕 따갑게 내리쬐는 뜨거운 해의 기운.

*신관 신을 받들어 모시는 일을 맡은 관직.
*분위기 그 자리나 장면에서 느껴지는 기분.

68

***몰래** 남이 모르게 살짝.

*도망치다 피하거나 쫓기어 달아나다.
*살살 심하지 않게 가만가만 가볍게 만지거나 문지르는 모양.

*꼴좋다 나쁘거나 싫은 것을 보고 비웃거나 놀리는 말.
*분하다 억울한 일을 당하여 화나고 억울하다.

***쓰레기통** 쓰레기를 담거나 모아두는 통.

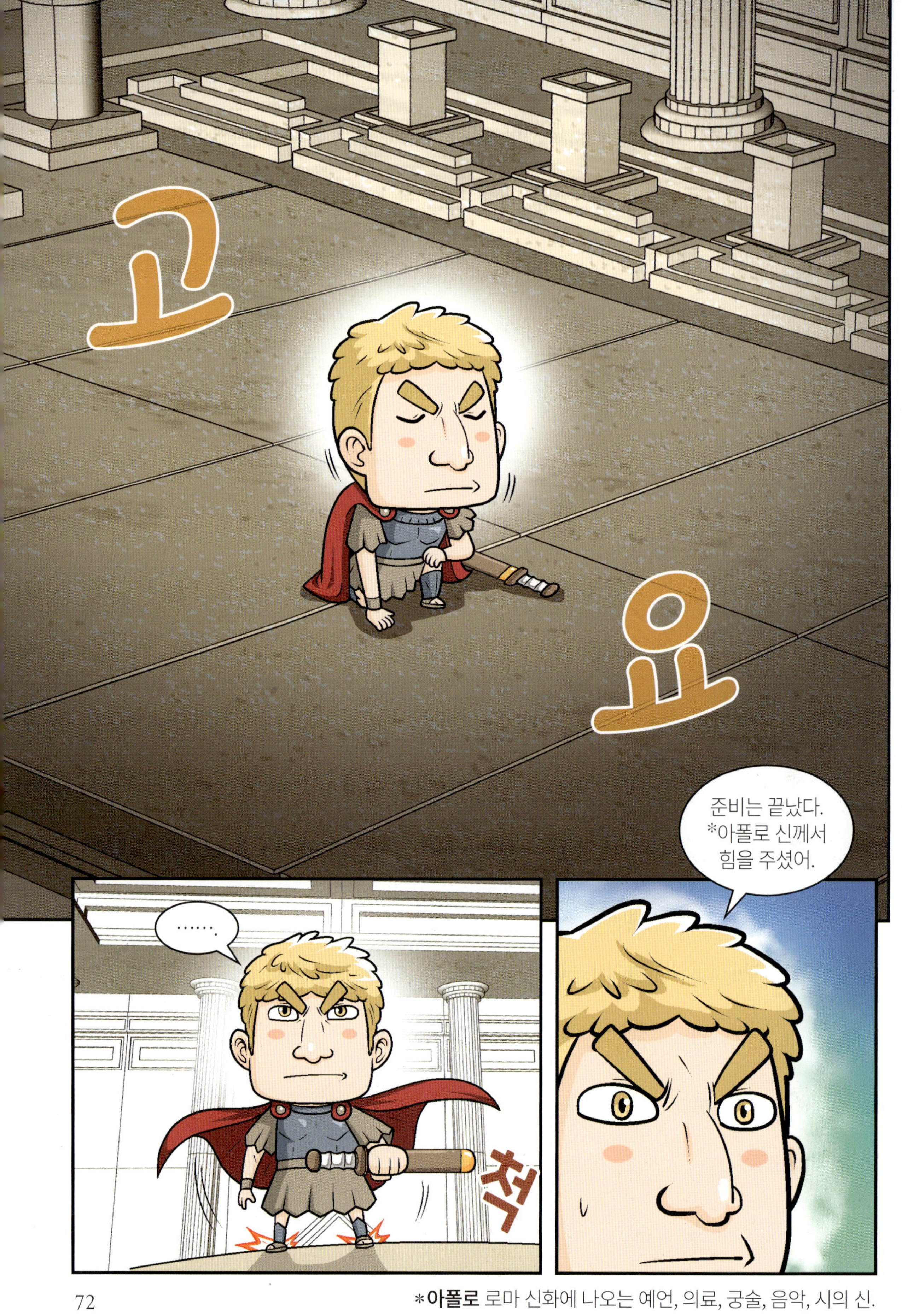

***아폴로** 로마 신화에 나오는 예언, 의료, 궁술, 음악, 시의 신.

*국경 나라와 나라를 가르는 경계.
*다지다 굳고 튼튼하게 하다.

***유노** 로마 신화에 나오는 최고의 여신으로, 그리스 신화의 헤라에 해당함.
***암살** 몰래 사람을 죽임.

*검 무기로 쓰는 크고 긴 칼. 칼날이 양쪽에 있음.

76

***안정** 달라지지 않고 일정한 상태를 유지함.
***기틀** 어떤 일의 가장 중요한 조건.

***억지로** 잘 안 될 일을 무리하게, 강제로.

*아직 어떤 상태가 되기까지 시간이 더 지나야 함.

***영영** 영원히 언제까지나.
***반드시** 틀림없이 꼭.

황제의 등장과 로마의 번영

그라쿠스 형제가 죽은 뒤, 평민의 지지를 받은 대표적인 사람이 카이사르 장군이에요. 기원전 46년 권력을 잡은 카이사르는 평민 편에 서서 여러 가지 개혁을 하려고 했어요. 하지만 그의 존재를 두려워했던 귀족들의 칼에 죽임을 당했어요. 카이사르 이후 세 명의 권력자가 등장했고, 그중 한 사람이었던 옥타비아누스는 기원전 1세기 즈음 로마의 황제가 되어 나라를 다스렸어요.

로마의 현명한 다섯 황제

네르바
(재위 96~98년)

트라야누스
(재위 98~117년)

하드리아누스
(재위 117~138년)

안토니누스 피우스
(재위 138~161년)

마르쿠스 아우렐리우스
(재위 161~180년)

퀴즈 로마의 첫 번째 황제는?　① 옥타브　② 옥타비아누스

로마는 이후 200여 년 동안 현명한 다섯 황제가 나라를 다스리며 번영을 누렸어요.
로마와 연결된 도로를 통해 세계 곳곳의 물건들이 들어오고, 교역이 이뤄졌지요. 지금까지도 남아
있는 공중목욕탕, 콜로세움, 수도교, 아피아 가도 등은 로마 문화를 잘 보여 주는 문화유산이에요.
자세히 살펴볼까요?

카라칼라 욕탕

많은 사람들이 들어갈 수 있는 큰 목욕탕으로,
나랏일이나 이야기를 나눴던 곳이에요.

콜로세움

시민들의 불만을 줄이려고 만든 원형 경기장이에요.
검투사들의 경기를 보고 즐길 수 있었어요.

로마 수도교

도시로 물을 공급하는 시설이에요. 위층에는
물이 흐르고 아래층으로 사람이 지나다녔어요.

아피아 가도

모든 길은 로마로 통한다는 말이 있지요. 2,000
여년 전 만들어진 아피아 가도도 그중 하나예요.

카이사르의 선택

로마는 정복 전쟁을 통해 지중해 주변 땅을 대부분 차지했어요. 그중 갈리아 지방을 차지해
전쟁 영웅으로 떠오른 사람이 바로 카이사르예요. 원로원은 시민들의 지지를 받는 카이사르를
두려워했어요. 그래서 갈리아 정복을 끝내고 돌아오는 그에게 로마와 갈리아의 경계인
루비콘강을 건널 때 무장을 풀라고 했지요. 하지만 자신의 목숨이 위험하다는 것을 알아차린
카이사르는 무장한 채 루비콘강을 건너 권력을 차지했습니다.

신라에 온 로만글라스

신라 무덤 안에서 로만글라스라고 불리는 유리그릇이 발견되었어요. 당시 신라에서는 유리를 만드는 기술이 없었는데, 어찌된 일일까요? 로만글라스가 로마 제국이 지배하던 곳으로부터 신라까지 흘러들어 온 걸로 추측해요. 초원길, 비단길을 통해 신라에 들어온 것이지요. 멀리 떨어진 나라지만 오래전부터 이렇게 교류했다니 신기하지요?

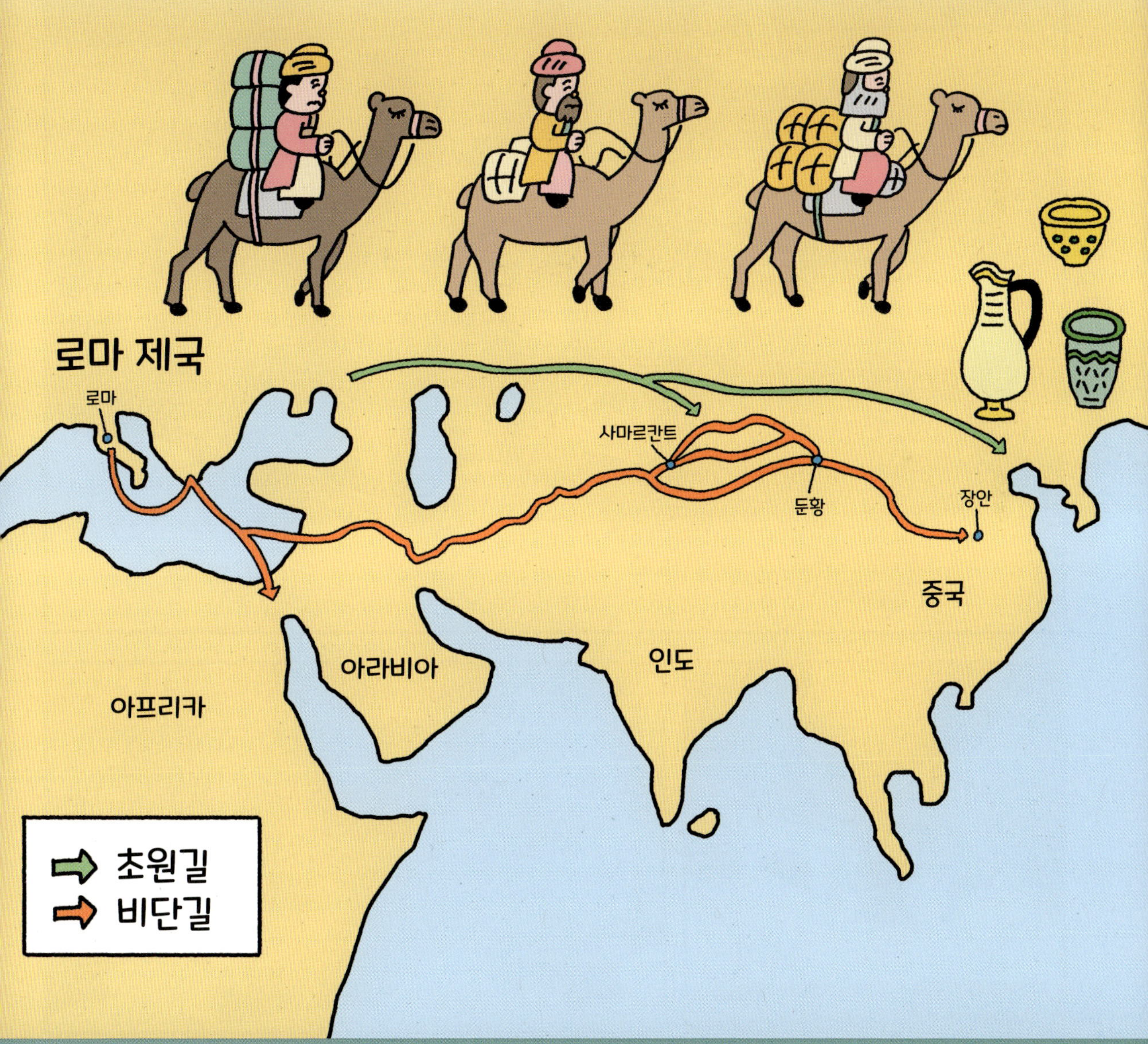

베드로의 *순교

***순교** 압박과 박해를 물리치고 자기가 믿는 신앙을 지키기 위해 목숨을 바치는 일.

***기원후** 예수가 태어난 해를 기준으로 그 이후 시기.
***벗어나다** 밖으로 빠져나오다.

***이어지다** 끊어지지 않고 계속되다.
***수상하다** 보통과는 달리 이상해 의심스럽다.

*십자가 기독교를 나타내는 ＋자 모양의 표.
*크리스트교 예수 그리스도를 중심으로 하는 종교.

*지도자 남을 가르쳐 이끄는 사람.
*발전 더 낫고 좋은 상태나 더 높은 단계로 나아감.

***숭배** 마음속으로 떠받들어 우러르며 존경함.
***거부** 요구를 받아들이지 않고 물리침.

*굶다 식사를 거르다.
*맛 음식 등을 혀에 댈 때 느끼는 감각.

*끌려가다 남이 시키는 대로 억지로 따라가다.
*지켜보다 주의를 기울여 살펴보다.

*성령 하나님의 영혼을 이르는 말.
*세례 모든 죄를 씻는다는 표시로 베푸는 의식.

***신자** 종교를 믿는 사람.
***체면** 남을 대하기에 떳떳한 얼굴.

***차별** 등급이나 수준 따위의 차이를 두어서 구별하고 갈라 놓음.
***강조** 어떤 부분을 특별히 강하게 주장함.

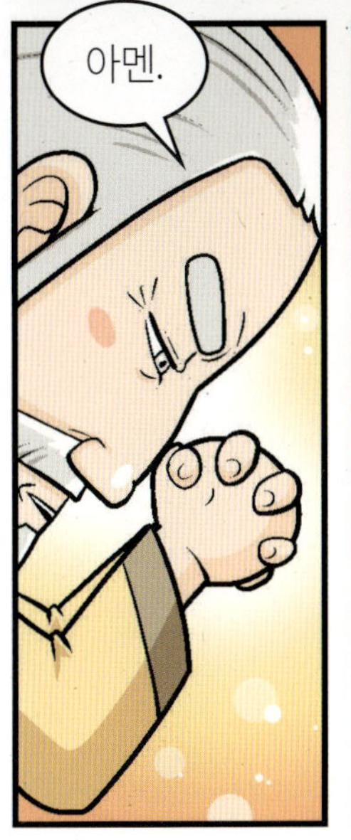

베드로 (?~64년?)

예수는 모든 사람은 평등하며 하나님의 뜻을 따르면 누구나
하늘나라에 갈 수 있다고 했어요. 이런 생각은 많은 사람들에게
환영받았지만, 로마 지배층의 눈에는 곱게 보이지 않았어요. 결국
예수가 로마의 종교를 부정하고 황제 숭배를 거부하자, 잡아들여
십자가에 못 박아 버렸지요. 이후 사람들은 그의 가르침을 더욱 믿고
따랐어요. 이렇게 탄생한 종교가 바로 크리스트교예요. 베드로는
예수가 죽은 뒤 *초대 교회의 지도자 역할을 했어요. 하지만 로마
제국의 네로 황제에게 심한 *박해를 받았고, 십자가에 거꾸로 매달린
채 죽임을 당했다고 전해집니다.

*초대 첫 번째에 해당하는 차례.
*박해 못살게 굴어 해롭게 하는 것.

***감시** 규칙이나 명령을 지키도록 하기 위해 주의 깊게 살핌.
***나날이** 매일매일 조금씩.

*이루다 어떤 대상이 일정한 상태나 결과를 생기게 하거나 일으키거나 만들다.
*공동체 생활이나 행동, 목적을 같이하는 집단.

***지겹다** 따분하고 싫증이 나다.
***빼앗다** 남의 것을 억지로 제 것으로 만들다.

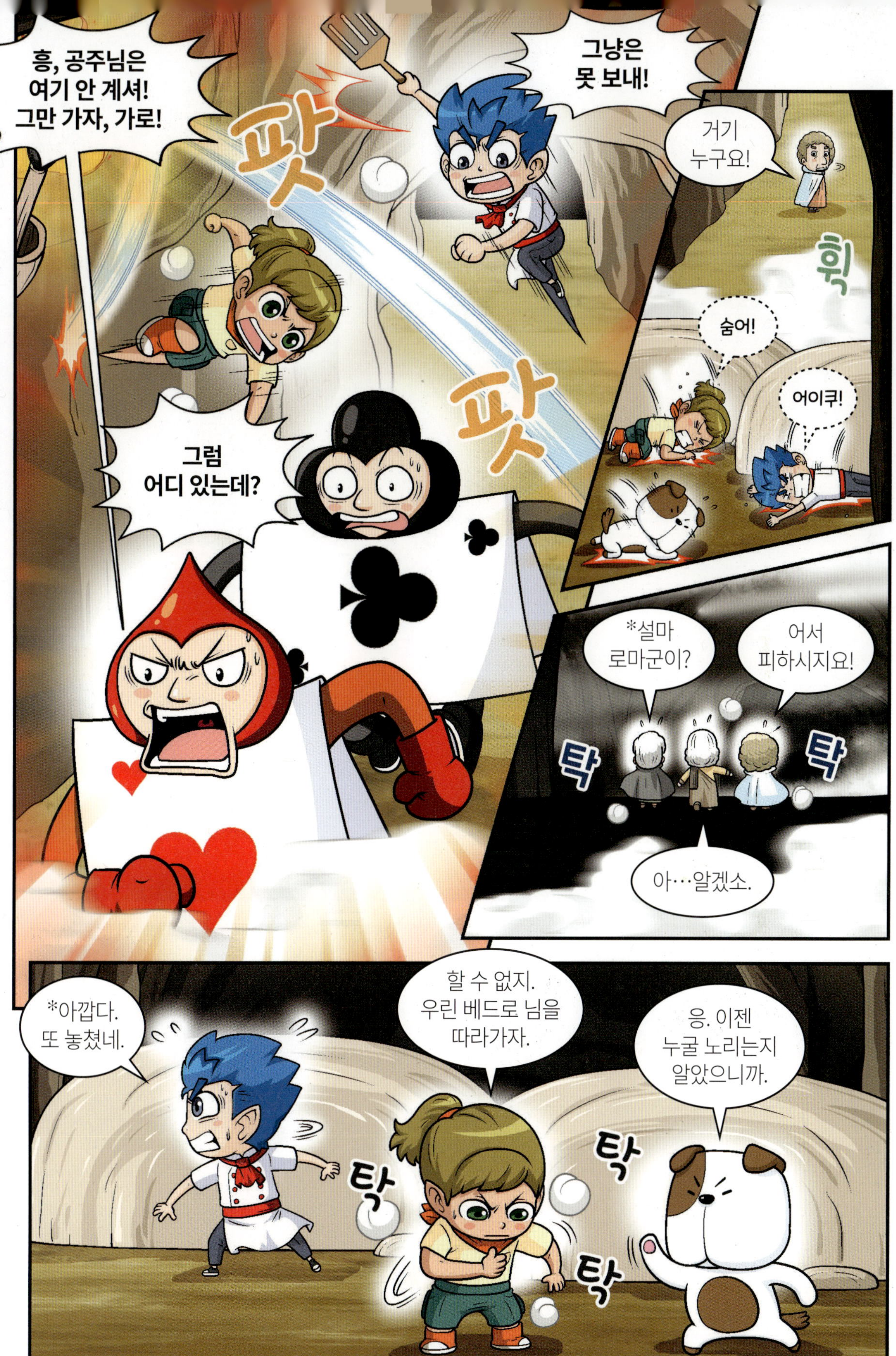

***설마** 그럴 리는 없겠지만.
***아깝다** 무언가를 잃어 섭섭하거나 서운하다.

다음날

저벅-
저벅-

저벅-
……
저벅-

*기약 때를 정해 약속함.
*한숨 잠깐 동안.

***주님** 예수 그리스도를 높여 이르는 말.

***못 박히다** 예수 그리스도가 십자가에 못 박혀 죽은 것을 의미한다.

*모자라다 기준이 되는 양에 미치지 못하다.

*어리석다 슬기롭지 못하고 둔하다.
*굳세다 뜻한 바를 굽히지 않고 밀고 나아가다.

*근거 어떤 일이나 의견에 근본이 되는 이유.
*자신감 어떤 일을 해낼 수 있거나 스스로 굳게 믿고 있다는 느낌.

***보호** 위험하지 않도록 잘 보살펴 돌봄.
***굳건하다** 뜻이나 의지가 굳세고 착실하다.

***상대하다** 서로 겨루다.
***감히** 말이나 행동이 주제넘게.

*정신 사납다 바른 생각이나 판단을 할 수 없을 만큼 어수선하다.
*감싸다 흉이나 허물을 덮어 주다.

***봉인** 중요한 내용 등을 단단히 보관하는 것.
***무사히** 아무런 일 없이 편안하게.

*버릇없다 마땅히 지켜야 할 예의가 없다.

콘스탄티누스 대제

로마에는 크리스트교를 믿는 사람들이 점점 늘어나고 있었어요. 하지만 황제 숭배를 거부한다는 이유로 크리스트교인들은 엄청나게 괴롭힘을 당했지요. 그러다 313년, 콘스탄티누스 대제가 크리스트교를 인정하고 훗날 국가의 종교로 선포하면서 상황이 달라졌어요. 오히려 크리스트교 외에 다른 종교를 못 믿게 하는 상황이 되었답니다.

카타콤

로마의 지하 공동묘지예요. 형편이 어려웠던 크리스트교 신자들이 묻혔으며, 심한 박해를 받자 이곳에서 예배를 했어요.

성 베드로 대성당

크리스트교를 전파하다 로마에서 죽음을 맞은 예수의 첫 번째 제자인 베드로의 무덤 위에 세워졌어요.

퀴즈 베드로의 무덤 위에 세워진 건물은?　① 명동 성당　② 성 베드로 대성당

로마의 평화가 계속되지는 않았어요. 군인들이 서로 황제가 되려고 다투고, 국경 너머 이민족까지 로마를 넘보기 시작했지요. 콘스탄티누스 대제는 330년 수도를 아예 비잔티움으로 옮기고 로마를 다시 세우려고 노력했어요. 튼튼한 성벽을 쌓고, 요새를 갖춘 거대한 도시를 건설하고 이름도 콘스탄티노폴리스로 바꿔 불렀습니다.

테오도시우스 성벽

세계 종교가 된 크리스트교

313년 크리스트교가 로마 제국에 인정받은 후, 로마 곳곳에 교회가 세워졌어요. 처음에는 예수가 십자가에 못 박힌 곳인 예루살렘을 비롯해, 안티오크, 알렉산드리아, 콘스탄티노폴리스, 로마 이렇게 다섯 곳에 교회가 세워졌지요. 이 5대 교구를 중심으로 크리스트교가 뻗어 나가 지금은 세계적인 종교로 자리 잡았답니다.

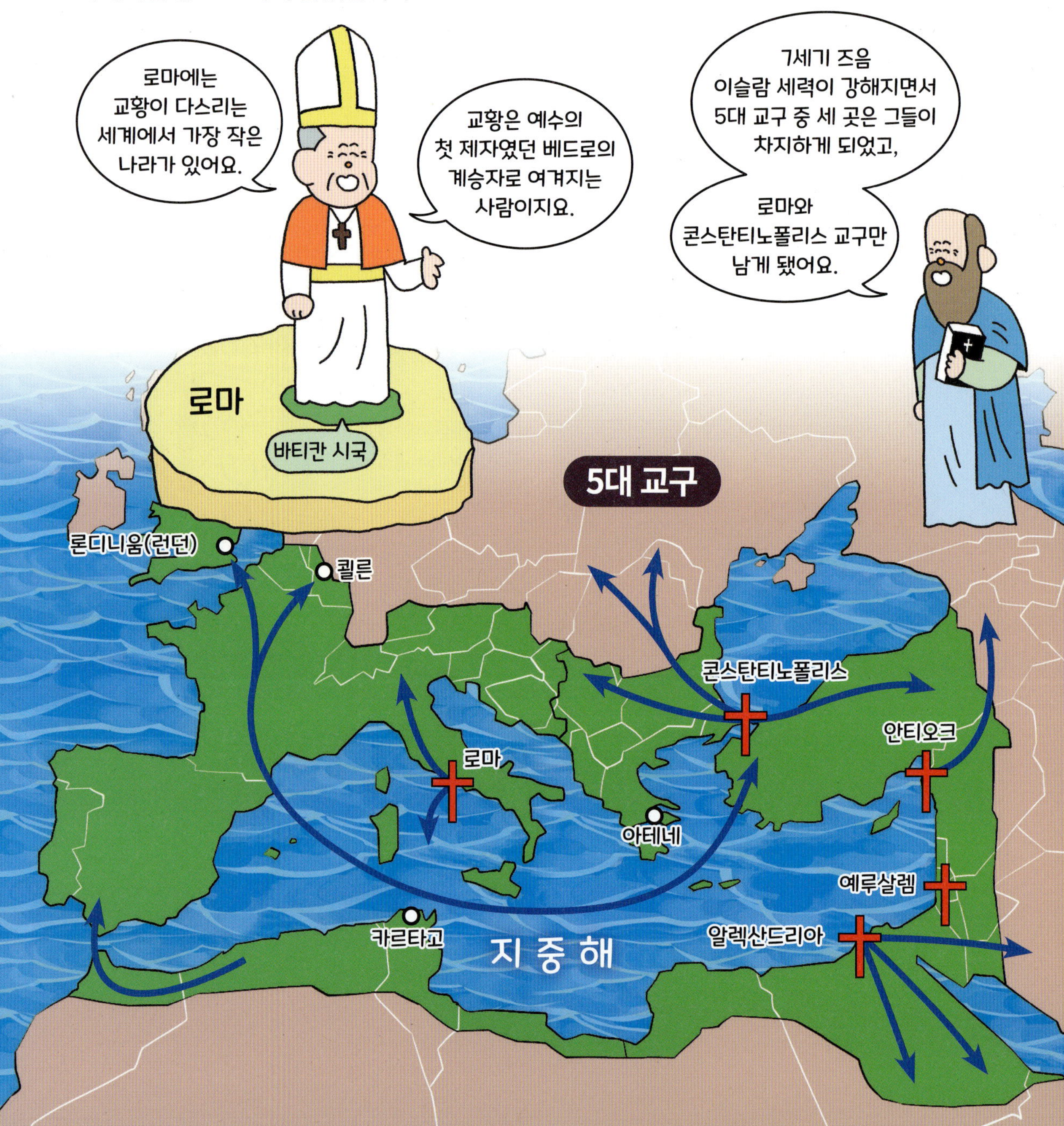

① 답요

한국의 종교 박해, 병인박해

우리나라에서도 종교 때문에 많은 사람들이 희생당했어요. 1866년에 일어난 병인박해 사건이에요. 1860년대 프랑스 신부를 비롯한 서양인들이 조선에 들어오면서 천주교를 믿는 사람들이 늘어났어요. 하지만 우리나라는 전통적인 유교 예법에 어긋난다는 이유로 천주교를 인정하지 않았지요. 당시 권력층이 반대 세력을 없애려는 숨은 뜻도 있었고요. 반대파 중에 천주교 신자가 많았거든요.

퀴즈 1866년, 프랑스 신부와 천주교 신자들이 처형당한 사건은?
① 포에니 전쟁 ② 병인박해

동로마 제국의 유스티니아누스 1세

*통로 막힘 없이 들어가고 나가며 다니는 길.

*목표 하려는 일이나 생각을 이루기 위해 실제적 대상으로 삼음, 또는 그 대상.
*수도 한 나라의 중앙 정부가 있는 도시.

***게르만족** 게르만어를 쓰는 민족. 백색 인종이며 키가 크고 금발에 푸른 눈을 가짐.
***멸망** 망하여 없어짐.

***한참** 어떤 일이 상당히 오래 일어나는 모양.
***어지럽다** 모든 것이 뒤섞여 질서가 없다.

*보좌관 상관을 돕는 일을 맡은 직책. 또는 그런 관리.
*배상금 남에게 입힌 손해에 대해 물어 주는 돈.

* **세금** 국가가 사용하기 위해 국민으로부터 강제로 걷는 돈.
* **악착같이** 매우 매섭고 끈기 있게.

***안심** 모든 걱정을 떨쳐 버리고 마음을 편히 가짐.
***꿰뚫다** 어떤 일의 내용이나 가지고 있는 성질을 잘 알다.

*신민 나랏일을 하는 사람과 백성 모두를 함께 부르는 말.
*야망 크게 무엇을 이루어 보겠다는 희망.

유스티니아누스 1세 (483년~565년)

테오도시우스 황제가 두 아들을 서로마와 동로마 황제 자리에 앉히면서
로마 제국은 완전히 둘로 나뉘어졌어요. 이후 서로마 제국은 로마 북쪽에
있던 게르만족의 공격으로 476년 사라지고 말아요. 하지만 동로마 제국은
1,000여 년 동안 성장하며 발전했어요. 특히 유스티니아누스 대제 때
영토를 넓히고, 상업의 중심지로 성장했어요. 그는 그동안 만들어졌던
로마의 법들을 정리해 근대 유럽의 법들의 바탕이 된 ≪로마법 대전≫을
완성했어요.

*정복 남의 나라를 공격해 자신의 명령이나 뜻에 따르게 함.
*전성기 세력 등이 한창 활발하게 퍼져 나가는 시기.

*민심 백성의 마음.
*폭동 집단적 폭력으로 사회의 질서를 어지럽히는 일.

*권위 남을 지휘하여 따르게 하는 힘.
*부추기다 남이 어떤 일을 하게 만들다.

*적용 알맞게 이용하거나 맞추어 씀.
*몰아붙이다 어떤 상황이나 방향으로 한꺼번에 밀려나게 하다.

***따돌리다** 쫓는 사람이 따라잡지 못할 만큼 간격을 벌려 앞서 나가다.
***구릿하다** 냄새가 똥이나 방귀처럼 지저분한 듯하다.

*신입 어떤 모임이나 단체에 새로 들어옴.
*전차 전쟁할 때 쓰는 수레.

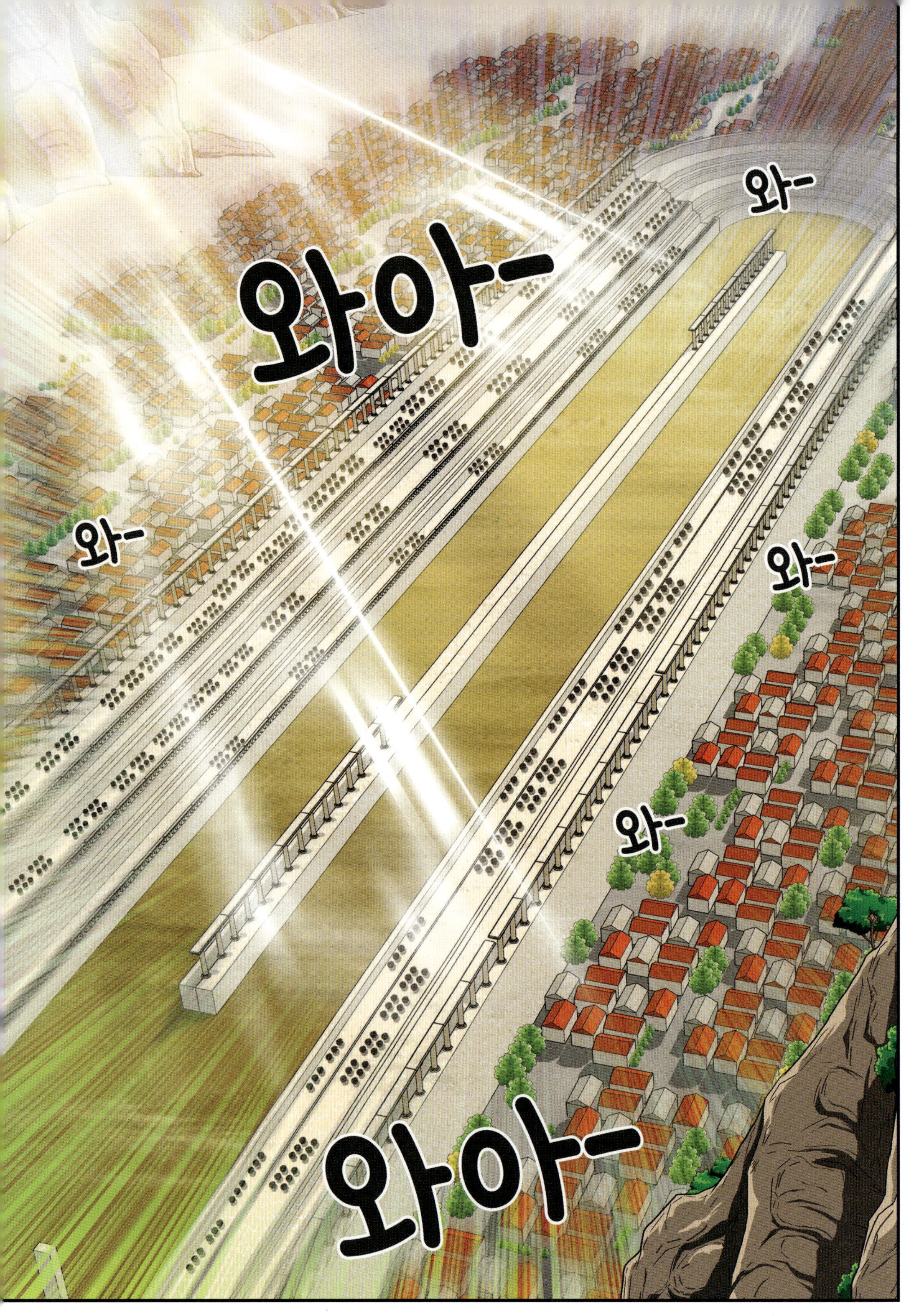

와아-
와-
와-
와-
와-
와아-

*대표 전체의 상태나 성질을 어느 하나로 잘 나타내는 사람.
*골치 아프다 일을 해결하기가 어렵다.

*영재 뛰어난 재주. 또는 그런 사람.
*꼴 겉으로 보이는 사물의 모양.

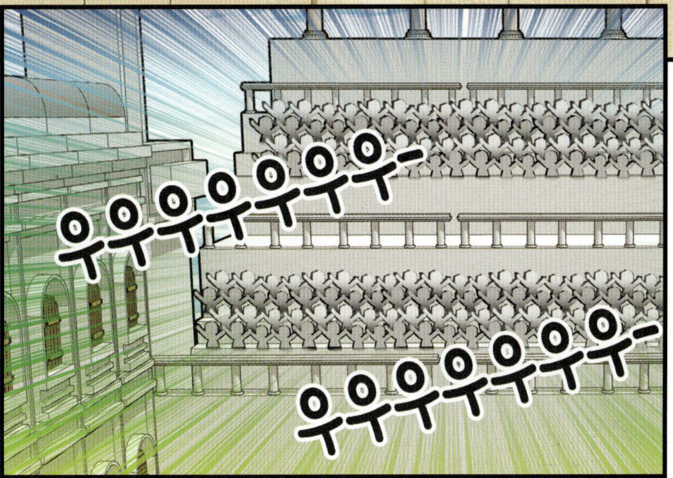

***경계** 뜻밖의 사고가 생기지 않도록 조심하여 단속함.
***야유** 남을 놀리는 말이나 몸짓.

*영토 한 나라의 통치권이 미치는 구역.
*법전 국가가 만들어 정한 법을 체계적으로 정리한 문서나 글.

*어수선하다 마음이나 분위기가 안정되지 못하여 불안하다.
*앞서다 앞에 있는 것을 지나쳐 먼저 서다.

136

***맛보다** 몹시 혼난다.
***똑바로** 어느 쪽으로도 기울지 않고 곧게.

*바퀴 어떤 둘레를 빙 돌아서 제자리까지 돌아오는 횟수를 세는 단위.
*막상막하 더 낫고 더 못함의 차이가 거의 없음.

*실력 실제로 갖추고 있는 힘이나 능력.

*반칙 정해진 법칙이나 규정을 어기는 행동.

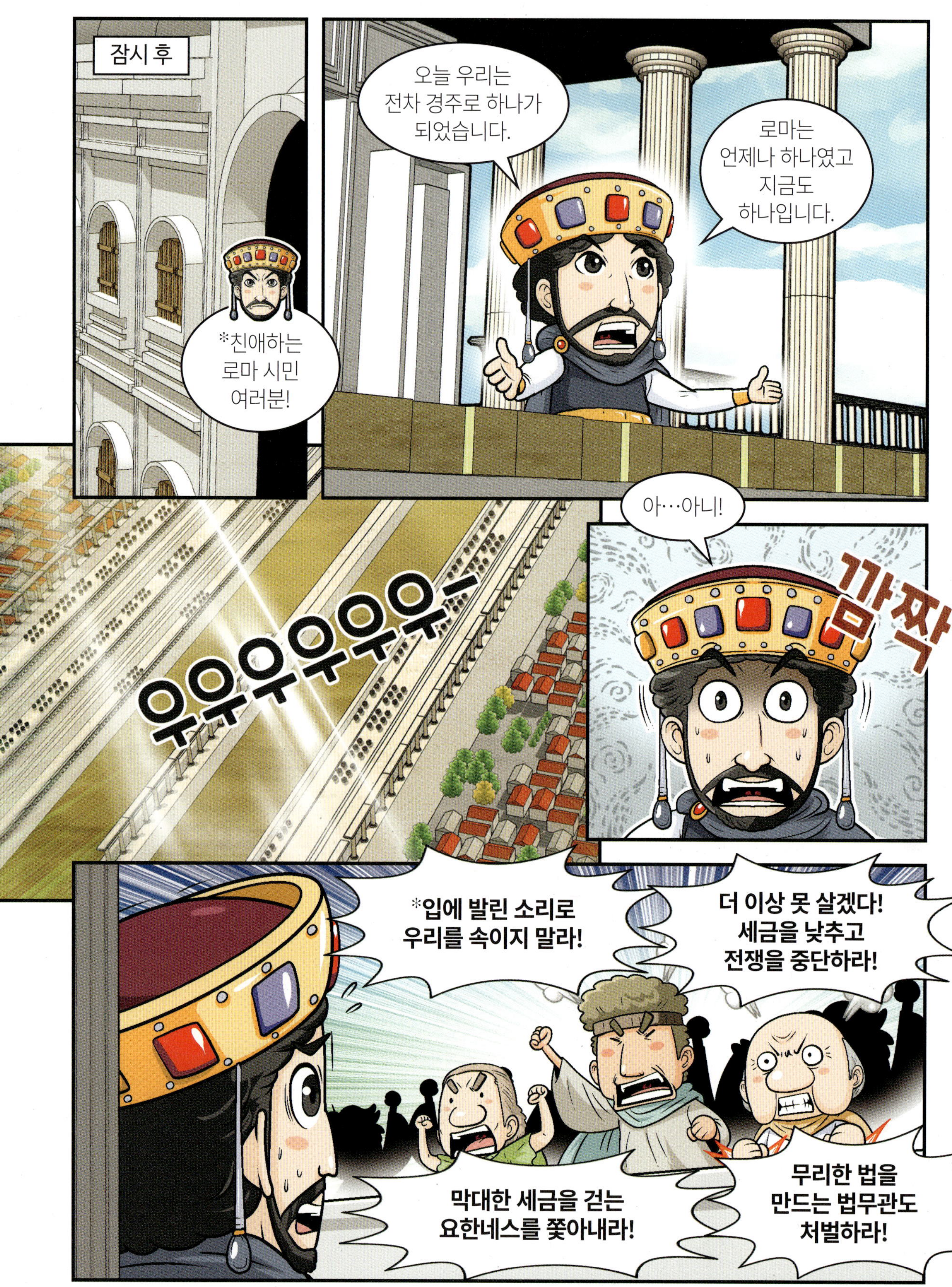

140

***친애** 친밀히 사랑함.
***입에 발린 소리** 마음에도 없이 겉으로 꾸며대는 말.

*니카 '승리' 또는 '이겨라'라는 뜻.
*도전 정면으로 맞서 싸움을 걺.

*의사당 의원들이 모여 회의하기 위한 건물.
*기세 기운차게 뻗치는 모양이나 상태.

***부끄럽다** 일을 잘 못하거나 양심에 걸려 볼 낯이 없다.
***떳떳하다** 굽힐 것이 없이 당당하다.

***짧다** 생각이나 실력 등이 수준에 미치지 못한 상태이다.
***진압** 힘으로 눌러 상태나 감정을 가라앉히다.

***꼼짝 못 하다** 힘에 눌려 기를 펴지 못하다.
***조언** 깨우치도록 도와주는 말.

*등지다 서로 사이가 나빠지다.
*막다 어떤 일이나 행동을 못 하게 하다.

***용서** 지은 죄나 잘못한 일에 대하여 꾸짖거나 벌하지 아니하고 덮어 줌.

*후퇴 뒤로 물러남.
*비상 뜻밖의 급한 상황.

***목숨** 사람이나 동물이 숨을 쉬며 살아 있는 힘.
***자신감** 어떤 일을 해낼 수 있거나 스스로 굳게 믿고 있다는 느낌.

서로마 제국과 동로마 제국의 역사

476년 서로마 제국은 게르만족 출신 장군인 오도아케르에게 정권을 넘겨주면서 멸망하고 말았어요. 이후 아시아 유목 민족인 훈족에 쫓긴 게르만족이 이곳저곳으로 이동하면서 유럽은 혼란에 빠져요. 하지만 동로마 제국은 정복 전쟁을 펼쳐 옛 로마 제국의 영토 일부를 다시 찾아 번영을 누리며 로마 제국의 영광을 다시 찾는 듯했어요. 한때 전쟁으로 어려움을 겪기도 했지만, 오랜 기간 로마 제국의 역사를 이어 갔어요. 동로마는 서로마가 멸망한 이후에도 1,000년 넘게 이어지죠.

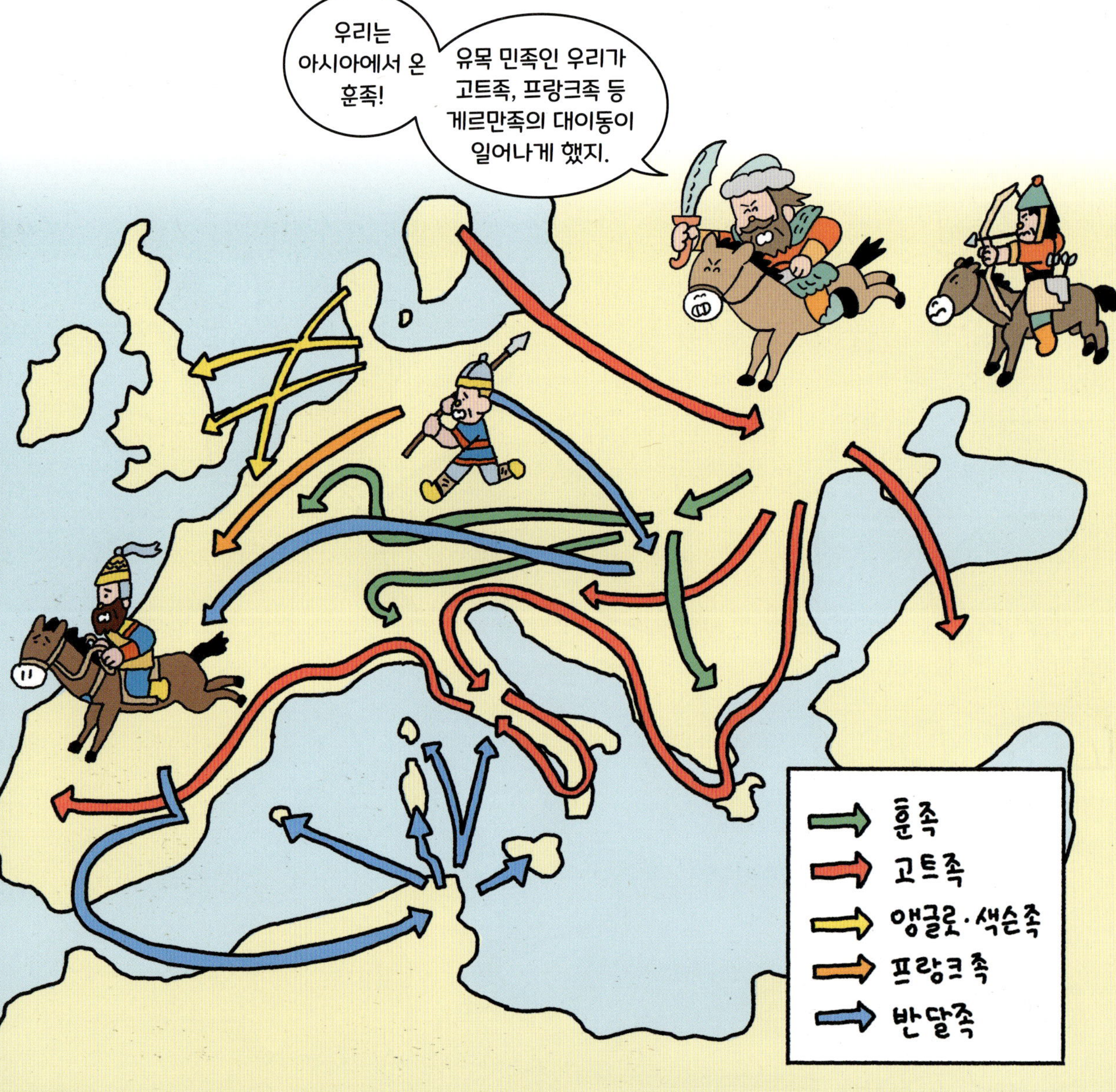

동로마 제국의 세 가지 문화

동로마 제국의 수도였던 콘스탄티노폴리스의 원래 이름은 비잔티움이었어요. 비잔티움은 그리스인들이 건설한 식민 도시였기에, 그리스 전통과 문화가 많이 남아 있었어요. 그런데 로마 제국의 콘스탄티누스 대제가 이곳을 새로운 수도로 삼으면서 이름도 콘스탄티노폴리스로 바꿔 불렀어요. 동서양의 여러 도시와 교역하며 발전하였고, 오랫동안 동로마 제국의 수도로 역할을 했죠. 그런데 동로마 제국이 1453년 오스만 제국에게 멸망하면서 콘스탄티노폴리스는 이슬람 국가인 오스만 제국의 수도가 되었고, 이스탄불로 바꿔 부르게 되었어요.

동로마 제국의 대표적인 건축물 아야 소피아

십자군 원정이 일어난 이유

7세기경, 5대 교구 중 세 곳을 차지했던 이슬람 세력은 예루살렘을 점령하고 동로마 제국을 위협했어요. 그러자 동로마 제국의 황제가 로마 교황에게 군대를 요청했지요. 이 소식을 들은 유럽의 크리스트교 신자들이 예루살렘을 되찾아야 한다면서 군대를 조직했어요. 그 군대를 십자군이라고 불러요. 십자군은 11세기부터 13세기에 걸쳐 여러 차례 전쟁을 벌였어요. 첫 번째 전쟁 때 예루살렘을 되찾기도 했지만, 이후 전쟁에서는 모두 패하고 말았죠.

1204년 동로마 제국의 콘스탄티노폴리스를 함락시키는 십자군

퀴즈 이슬람 세력이 동로마 제국을 위협하자 조직된 군대의 이름은?　① 십자군　② 국군

나라를 경영하는 큰 법전, 《경국대전》

로마의 황제 유스티니아누스 1세는 이전에 만든 법들을 정리해 《로마법 대전》을 완성했지요.
조선 시대에도 그동안의 법을 잘 정리하고 통일해 만든 법전이 있어요. 바로 《경국대전》이에요.
고려 시대까지는 주로 중국 법률을 참고해 만든 법으로 다스렸는데, 이제는 우리나라에 맞는
법전을 갖게 된 거예요. 조선 세조 때 만들기 시작해 30년 만인 성종 때에 완성했어요. 나라를
체계적으로 다스릴 수 있는 기준을 마련한 거죠.

《경국대전》

르네상스의 *천재, 레오나르도 다빈치

*천재 선천적으로 타고난, 남보다 훨씬 뛰어난 재주를 가진 사람.

*단서 어떤 문제를 해결하는 방향으로 이끄는 것.
*조각상 재료를 새기거나 깎아서 만든 입체 모양.

*문화 사람들에 의해 습득, 공유, 전달되는 행동 방식에서 나온 물질과 정신 모두를 이르는 말.
*운동 어떤 목적을 이루려고 힘쓰는 활동.

***죄** 벌을 받을 만한 일.
***귀하다** 아주 소중하고 가치가 높다.

*밝히다 드러나게 좋아하다.

*이왕 이미 정해진 사실로서 그렇게 된 바에.
*걱정 안심이 되지 않아 속을 태움.

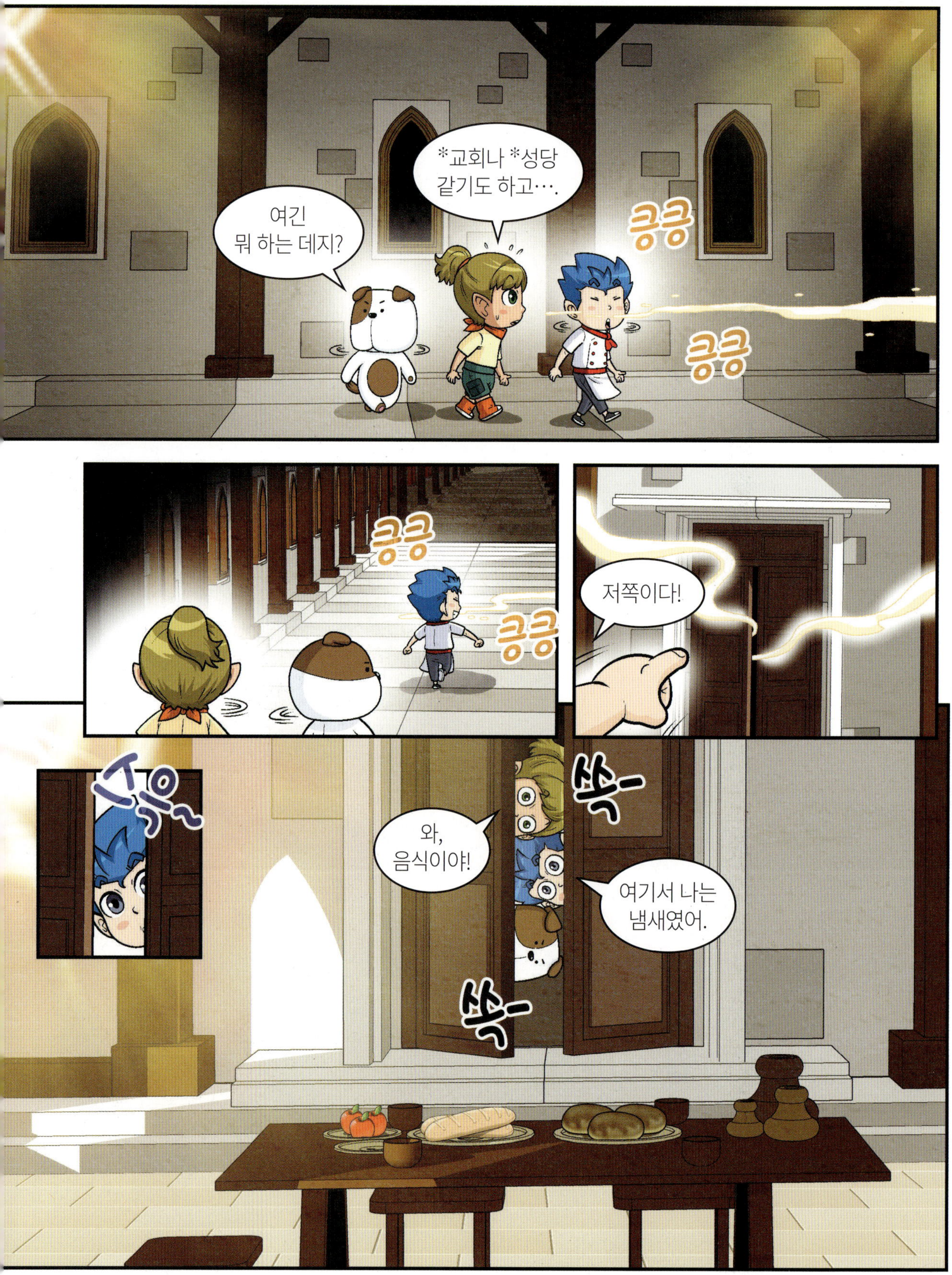

***교회** 예수 그리스도를 따르는 신자들의 공동체, 또는 그 장소.
***성당** 크리스트교에서도 가톨릭, 그 중 천주교의 종교 의식이 행해지는 집.

***숨다** 보이지 않게 몸을 감추다.

쏙―
쏙―
쏙―

***익숙하다** 어떤 대상을 자주 보거나 겪어서 처음 대하지 않는 느낌이 드는 상태에 있다.
***만찬** 손님을 초대하여 함께 먹는 저녁 식사.

레오나르도 다빈치 (1452년~1519년)

르네상스 시대 최고의 천재로 일컬어지는 사람이에요.
〈모나리자〉, 〈최후의 만찬〉 등의 그림을 그린 화가로
유명하지요. 그는 인간을 더 잘 이해하려다 보니
자연스럽게 과학이나 의학에 관심을 가졌고, 음악,
동물학과 식물학, 천문학, 건축 등 다양한 분야에서
재능을 보였어요. 사람의 몸에 관심이 많아 *해부도를
그려 의학 발달에 중요한 역할을 하였지요. 하늘을 나는
기구를 만들고 싶어 헬리콥터, 낙하산 등을 *설계한
발명가이기도 합니다.

*해부도 생물의 내부 구조를 세밀하게 나타낸 그림.
*설계 물건을 만들 때 구조나 치수 등을 표시된 그림으로 만드는 일.

*거장 예술, 과학 등의 어느 일정 분야에서 특히 뛰어난 사람.
*인재 어떤 일을 할 수 있는 지식이나 능력을 갖춘 사람.

*비다 일정한 공간에 사람, 사물 등이 들어 있지 않다.
*뚫어지게 구멍이 생길 정도로 집중하여.

*도통 아무리 해도.
*미완성 아직 완성되지 않음.

***궁금하다** 무엇이 알고 싶어 마음이 몹시 답답하고 안타깝다.

*가만 어떤 대책을 세우거나 손을 쓰지 않고 그냥 그대로.
*난리 작은 소동을 이르는 말.

*말썽 문제를 일으키는 말이나 행동.

*양아들 자식처럼 기른 아들.
*사과 자기의 잘못을 인정하고 용서를 빎.

***상상** 실제로 경험하지 않은 현상이나 사물을 마음속으로 그려 봄.
***꼬이다** 하는 일이 순순히 되지 않고 뒤틀리다.

*업적 어떤 사업이나 연구 등에서 노력으로 이루어 낸 결과.
*다재다능 재주와 능력이 여러 가지로 많음.

*내놓다 물건을 밖으로 옮기거나 꺼내 놓다.
*통째 덩어리 전체.

*건드리다 손으로 만지거나 무엇으로 대다.

*몽땅 있는 대로 전부.
*홀가분하다 가볍고 편안하다.

뒤집어져라, 납작아!
어이쿠!
팽그르르~
앗! 마법봉이!
우우우웅
앗! 또 시간의 문이 *멋대로 열렸어!
뻑뻑
지잉
으아아~ 문에 *빨려 들어가! 안 돼~!
슈
아 아 악
팟

*멋대로 아무렇게나 하고 싶은 대로. 또는 제 마음대로.
*빨리다 어떤 대상이나 물질이 끌어들이는 힘이 있는 쪽으로 이끌리다.

***고민** 마음속으로 괴로워하고 애를 태움.

*원래 사물이 전하여 내려온 그 처음.
*제대로 제 방식이나 정해진 대로.

***균형** 어느 한쪽으로 기울거나 치우치지 않고 고른 상태.

*출범 단체가 새로 조직되어 일을 시작함.
*토대 어떤 일의 밑바탕이 되는 기초.

이탈리아 북부에서 핀 르네상스

십자군 원정 중에 지중해를 중심으로 교역이 활발하게 이뤄지면서, 이탈리아의 피렌체, 밀라노, 베네치아 등이 부자 도시로 성장했어요. 부자가 된 상인들은 자신의 교양을 높이기 위해 학자와 예술가를 적극적으로 후원했지요. 학자들은 인간 중심의 사상을 발견하고, 이를 퍼뜨렸어요. 그전에는 크리스트교가 널리 퍼지면서 오로지 신을 중심으로 생각했는데, 이제 인간 중심의 생각이 다시 나타나기 시작한 거예요. 이렇게 14세기 이탈리아에서 시작된 문화 운동을 '르네상스'라고 불러요. '르네상스'는 부활이나 재생을 뜻하는데, 고대 그리스와 로마 문화를 다시 일으킨다는 뜻을 가지고 있답니다.

르네상스 시대에는 인간뿐만 아니라 자연 현상에 대한 관심도 높아졌어요. 특히 천문 관측에 관심이 많던 코페르니쿠스는 태양이 지구 주위를 도는 것이 아니라, 태양 주위를 지구가 돈다는 지동설을 주장했지요. 이후 갈릴레이는 망원경을 발명하고, 지동설을 증명해 냈어요.

중국에서 발명되어 전해진 화약, 나침반을 활용하면서 사회에 많은 변화가 생겼어요. 인쇄술도 발달해 한꺼번에 책을 많이 찍어 내는 것이 가능해져 누구나 성경을 읽을 수 있게 되었고요. 이후 르네상스의 정신이 이어져 사물의 이치와 원리를 알아내려는 이성을 중시하게 되었어요. 또 잘못된 현실을 바로 잡으려는 노력을 하게 되었죠. 이 정신은 오늘날까지 이어지고 있어요.

북유럽으로 퍼져 나간 르네상스

1500년대, 이탈리아를 넘보던 프랑스가 쳐들어왔어요. 이를 그냥 두고 볼 수 없던 주변 나라들까지 전쟁에 끼어들어 이탈리아는 쑥대밭이 되었죠. 그러면서 이탈리아에서 발전하던 르네상스는 내리막길을 걷게 된답니다. 이탈리아 예술가들은 후원자를 찾아 북유럽 지역으로 건너갔죠. 하지만 북유럽에서 발달한 르네상스는 이탈리아 르네상스와는 조금 달랐어요. 이들은 그리스와 로마의 신보다는 일반 사람들의 살아가는 모습을 그림 속에 담으려고 했거든요.

북유럽 르네상스 대표 작품

얀 반 에이크, <아르놀피니 부부의 초상>, 1434

피터르 브뤼헐, <농부의 결혼식>, 1568

북유럽 르네상스를 대표하는 화가에는 얀 반 에이크, 피터르 브뤼헐 등이 있어요. 특히 얀 반 에이크는 북유럽 르네상스를 주도한 화가로, 선명하고 세밀하게 아주 작은 부분까지도 묘사해 사람의 수염 구멍까지 보일 정도였다고 해요. 피터르 브뤼헐은 그동안 주목받지 않았던 농민의 삶을 주로 그렸어요.

퀴즈 주로 농민들의 삶을 그렸던 북유럽 르네상스 대표 화가는?
① 피터 바게트 ② 피터르 브뤼헐

우리나라 속 이탈리아

이탈리아 하면 무엇이 가장 먼저 떠오르나요? 피자라고요? 피자는 이탈리아에서 가난한
사람들이 한 끼를 때우는 음식으로 빵 위에 치즈와 허브를 올려놓고 먹는 정도였대요. 그러다
이것저것 재료를 얹으면서 피자 종류가 다양해졌어요. 제2차 세계 대전 때 이탈리아에 와 피자
맛을 본 미국 군인들이 미국으로 돌아가서 이탈리아 피자를 찾게 되었고, 차츰 전 세계로 퍼져
나갔다고 해요. 이탈리아 하면 또 빼놓을 수 없는 게 올리브예요. 올리브는 토핑 재료, 기름,
건강식품 등 다양하게 이용하고 있어요. 또 이탈리아 장인 정신은 세계적으로도 유명하죠.
장인이 만든 제품은 명품으로 불리며 우리나라뿐 아니라 전 세계에서 사랑받고 있어요.

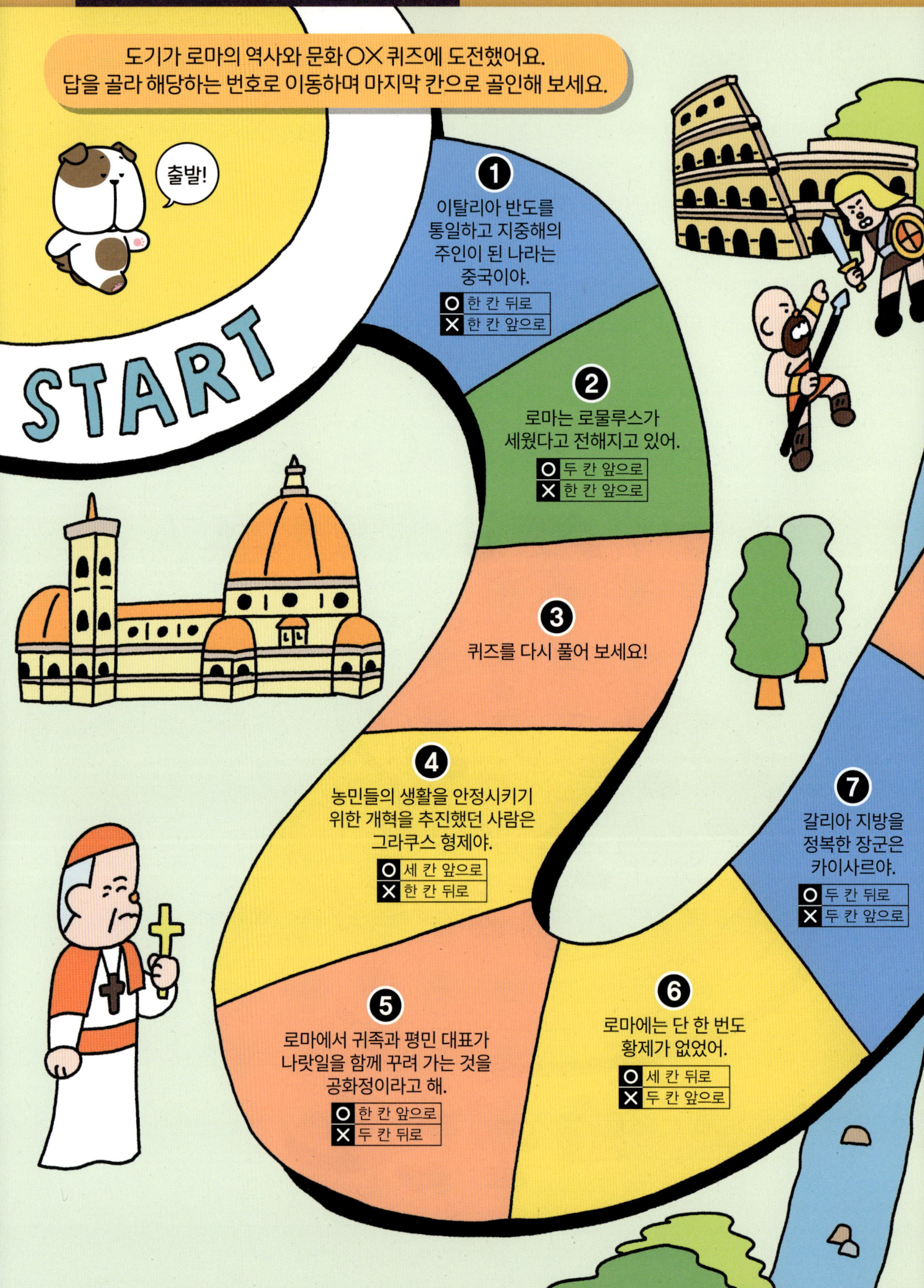
도전 세계사 놀이 퀴즈·말판 놀이
도기가 로마의 역사와 문화 ○X 퀴즈에 도전했어요.
답을 골라 해당하는 번호로 이동하며 마지막 칸으로 골인해 보세요.
출발!
START
❶
이탈리아 반도를 통일하고 지중해의 주인이 된 나라는 중국이야.
○ 한 칸 뒤로
X 한 칸 앞으로
❷
로마는 로물루스가 세웠다고 전해지고 있어.
○ 두 칸 앞으로
X 한 칸 앞으로
❸
퀴즈를 다시 풀어 보세요!
❹
농민들의 생활을 안정시키기 위한 개혁을 추진했던 사람은 그라쿠스 형제야.
○ 세 칸 앞으로
X 한 칸 뒤로
❺
로마에서 귀족과 평민 대표가 나랏일을 함께 꾸려 가는 것을 공화정이라고 해.
○ 한 칸 앞으로
X 두 칸 뒤로
❻
로마에는 단 한 번도 황제가 없었어.
○ 세 칸 뒤로
X 두 칸 앞으로
❼
갈리아 지방을 정복한 장군은 카이사르야.
○ 두 칸 뒤로
X 두 칸 앞으로

10
동로마 제국은 법이 없어 혼란스러운 나라였어.
O 한 칸 뒤로
X 한 칸 앞으로

11
동로마 제국의 수도는 알렉산드리아야.
O 한 칸 앞으로
X 두 칸 앞으로

9
원래 칸으로 돌아가세요!

8
서로마 제국이 동로마 제국보다 오래 유지되었어.
O 한 칸 앞으로
X 두 칸 앞으로

12
퀴즈를 다시 읽어 볼까요?

13
크리스트교는 로마에서 심한 박해를 받았지만 결국 세계적인 종교로 성장했어.
O 한 칸 앞으로
X 한 칸 뒤로

도착 했다!

GOAL!

사다리를 따라가며 설명에 해당하는 인물을 찾아보세요.

농민들의 안정된 생활을 위한 개혁을 추진한 형제야.	동로마 제국의 황제로 《로마법 대전》을 완성했어.	예수의 첫 번째 제자로 예수가 죽은 뒤 초대 교회 지도자 역할을 했어.	〈모나리자〉, 〈최후의 만찬〉 등을 남긴 르네상스 시대의 대표적인 화가야.	로마의 첫 번째 황제로 '존엄한 자'라는 뜻의 아우구스투스라고 불렸어.

로마 제국의 문화유산을 떠올리며 바른 내용이 적힌 글자를
모아 ☐☐ ☐☐☐ 안에 들어갈 단어가 무엇인지 적어 보세요.

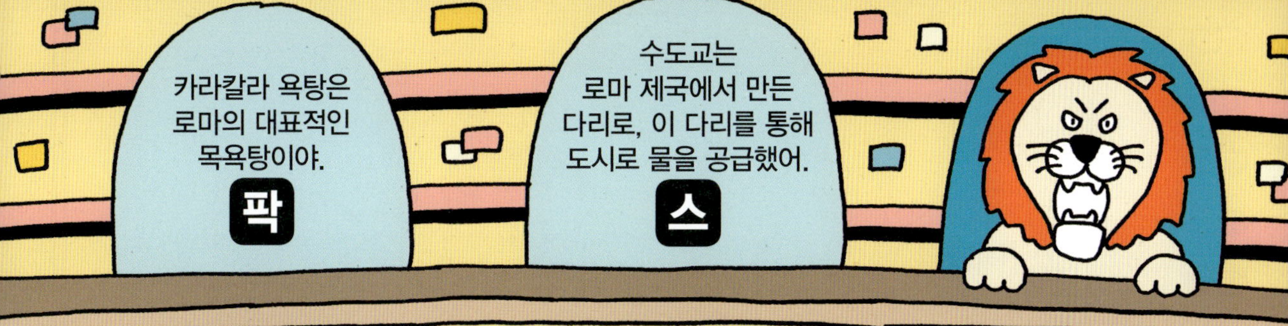

카타콤은 크리스트교 신자들이 묻힌 지하 공동묘지야.
마

경복궁은 로마 황제가 만든 궁전이야.
람

아피아 가도는 로마 제국이 지중해 주변 땅을 차지하고 낸 길이야.
나

1 로마 공화정에 대한 설명으로 알맞지 않은 것은 무엇일까요?

① 최고 관직은 집정관이야.

② 귀족 대표로 구성된 원로원을 두었어.

③ 황제가 나라를 다스렸어.

④ 평민 대표들이 민회를 구성해 권리를 주장했어.

2 그라쿠스 형제가 다음과 같은 개혁을 추진한 목적은 무엇일까요?

● 평민들에게 나라의 땅을 나누어 주었다.
● 곡식의 가격을 낮추었다.

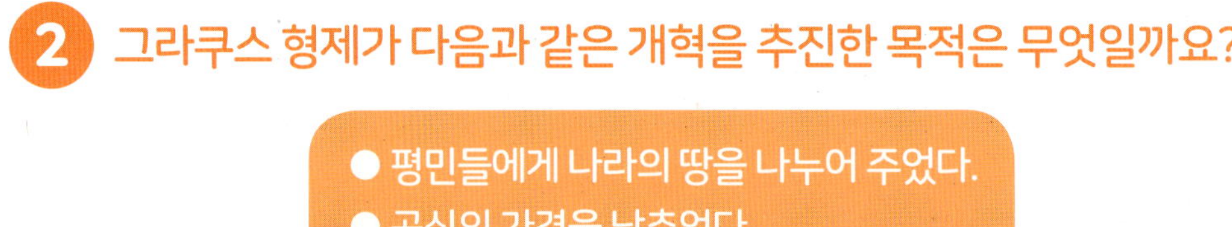

 다음 장면과 관련된 전쟁의 이름은 무엇일까요?

로마와 카르타고는 약 120년 동안 세 차례에 걸쳐 전쟁을 했어요.
이탈리아 북쪽의 알프스산맥은 높고 험해, 로마군은 카르타고군이
바다를 건너올 것이라 생각했어요. 하지만 한니발 장군이
알프스산맥을 넘어 쳐들어와 로마군은 힘든 전쟁을 치렀어요.

① 백 년 전쟁   ② 포에니 전쟁   ③ 워털루 전쟁   ④ 6.25 전쟁

4 다음 설명과 만화에 해당하는 로마의 인물은 누구인가요?

● 로마의 장군이다.
● 로마의 북서쪽에 있는 갈리아 지방을 정복했다.
● 전쟁 영웅으로 평민들의 지지를 받았다.
● 무장을 한 채 루비콘강을 건너 로마로 돌아와 권력을 차지했다.
● 독재관이 되어 여러 가지 개혁을 추진했다.

① 이순신　② 카이사르　③ 나폴레옹　④ 장보고

 로마 제국의 번영을 보여 주는 문화유산으로 알맞은 것은 무엇일까요?

① 경복궁

② 석굴암

③ 만리장성

④ 콜로세움

6 교황이 설명하는 곳은 어디일까요?

① 이탈리아

② 바티칸 시국

③ 중국

④ 영국

7 밀크T 친구들은 어떤 사건에 대해 이야기하고 있나요?

① 십자군 원정　　② 9.11 테러

③ 위화도 회군　　④ 반지 원정대

8 다음 빈칸에 들어갈 알맞은 단어는 무엇일까요?

서로마 제국이 476년 게르만족 출신 장군인 오도아케르에게 멸망한 후에도 동로마 제국은 1,000년 넘게 이어졌어. 동로마 제국은 당시 수도의 이름을 따 (　　　　　) 제국으로도 불렸어.

① 서울　　② 워싱턴　　③ 하노이　　④ 비잔티움

 르네상스에 대한 설명으로 맞으면 ○, 틀리면 ✕표 하세요.

① 인간 중심의 생각이 나타나면서 신도 인간의 모습으로 그리려고 했어. (　　)

② 인간의 감정에 관심을 기울이고, 개성과 자유를 중요시했어. (　　)

③ 신에게만 의지하면서 자연 현상을 관찰하려는 노력은 점점 줄어들었어. (　　)

④ 고대 그리스와 로마 문화를 거부하고 중세 유럽의 문화를 유지하려고 했어. (　　)

⑤ 부자가 된 상인들은 자신의 교양을 높이기 위해 학자와 예술가들을 적극
　　후원했어. (　　)

⑥ 북유럽에서 발달한 르네상스는 이탈리아와 달리 신보다는 일반 사람들의
　　살아가는 모습에 더 관심을 두었어. (　　)

도전 세계사 놀이 퀴즈·말판 놀이

도기가 로마의 역사와 문화 OX 퀴즈에 도전했어요.
답을 골라 해당하는 번호로 이동하며 마지막 칸으로 골인해 보세요.

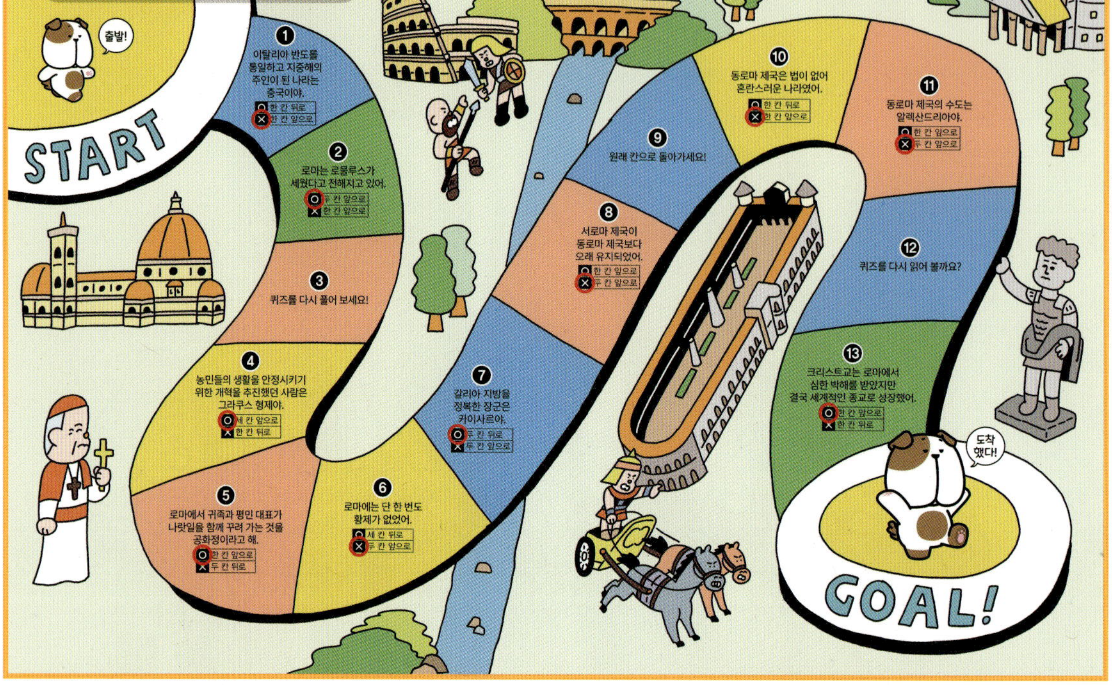

START
출발!

1 이탈리아 반도를 통일하고 지중해의 주인이 된 나라는 중국이야.
O 한 칸 뒤로 / X 한 칸 앞으로

2 로마는 로물루스가 세웠다고 전해지고 있어.
O 두 칸 앞으로 / X 한 칸 앞으로

3 퀴즈를 다시 풀어 보세요!

4 농민들의 생활을 안정시키기 위한 개혁을 추진했던 사람은 그라쿠스 형제야.
O 세 칸 앞으로 / X 한 칸 뒤로

5 로마에서 귀족과 평민 대표가 나랏일을 함께 꾸려 가는 것을 공화정이라고 해.
O 한 칸 앞으로 / X 두 칸 뒤로

6 로마에는 단 한 번도 황제가 없었어.
O 세 칸 뒤로 / X 한 칸 앞으로

7 갈리아 지방을 정복한 장군은 카이사르야.
O 두 칸 뒤로 / X 두 칸 앞으로

8 서로마 제국이 동로마 제국보다 오래 유지되었어.
O 한 칸 앞으로 / X 한 칸 앞으로

9 원래 칸으로 돌아가세요!

10 동로마 제국은 법이 없어 혼란스러운 나라였어.
O 한 칸 뒤로 / X 한 칸 앞으로

11 동로마 제국의 수도는 알렉산드리아야.
O 한 칸 앞으로 / X 두 칸 앞으로

12 퀴즈를 다시 읽어 볼까요?

13 크리스트교는 로마에서 심한 박해를 받았지만 결국 세계적인 종교로 성장했어.
O 한 칸 앞으로 / X 한 칸 뒤로

GOAL!
도착했다!

도전 세계사 놀이 퀴즈·사다리타기

사다리를 따라가며 설명에 해당하는 인물을 찾아보세요.

- 농민들의 안정된 생활을 위한 개혁을 추진한 형제야.
- 동로마 제국의 황제로 《로마법 대전》을 완성했어.
- 예수의 첫 번째 제자로 예수가 죽은 뒤 초대 교회 지도자 역할을 했어.
- 《모나리자》, 《최후의 만찬》 등을 남긴 르네상스 시대의 대표적인 화가야.
- 로마의 첫 번째 황제로 '존엄한 자'라는 뜻의 아우구스투스라고 불렸어.

옥타비아누스 / 레오나르도 다빈치 / 베드로 / 그라쿠스 형제 / 유스티니아누스 1세

도전 세계사 놀이 퀴즈·낱말 조합하기

로마 제국의 문화유산을 떠올리며 바른 내용이 적힌 글자를 모아 □□ □□□ 안에 들어갈 단어가 무엇인지 적어 보세요.

기원전 1세기부터 약 200년 동안 로마 제국은 평화로운 시대를 이어 갔는데 이를 **팍 스 로 마 나** (이)라고 불렀어.

- 카라칼라 욕탕은 로마의 대표적인 목욕탕이야. **팍**
- 수도교는 로마 제국에서 만든 다리로, 이 다리를 통해 도시로 물을 공급했어. **스**
- 에펠탑은 우리나라의 석탑이야. **바**
- 콜로세움은 검투사들의 경기를 보고 즐기던 경기장이야. **로**
- 카타콤은 크리스트교 신자들이 묻힌 지하 공동묘지야. **마**
- 경복궁은 로마 황제가 만든 궁전이야. **람**
- 아피아 가도는 로마 제국이 지중해 주변 땅을 차지하고 낸 길이야. **나**

❶ 답 ③

로마 공화정은 시민이 직접 뽑은 귀족과 평민 대표자가
함께 나랏일을 꾸려 나가는 정치 형태로 이전보다 왕의 권한이 약해졌다.

❷ 답 ②

그라쿠스 형제가 개혁을 추진한 이유는 농민들에게 땅을 나누어 주어
그들의 생활을 안정시키기 위해서였다.

❸ 답 ②

한니발 장군이 이끄는 카르타고의 군대와 로마 군대가 전쟁을 벌이고 있는 이 장면은
제2차 포에니 전쟁 때의 일이다.

❹ 답 ②

갈리아 지방을 정복하고, 루비콘강을 건너 로마로 돌아와 권력을 차지하고
여러 가지 개혁을 추진한 사람은 카이사르다.

❺ 답 ④

콜로세움은 로마의 문화유산이다.

❻ 답 ②

교황이 다스리는 세계에서 가장 작은 나라는 바티칸 시국이다.

❼ 답 ①

유럽의 크리스트교 신자들이 예루살렘을 되찾아야 한다면서 군대를 조직해 정복에 나섰고,
이를 십자군 원정이라고 한다.

❽ 답 ④

동로마 제국은 수도인 비잔티움의 이름을 따 비잔티움 제국으로도 불렸다.

❾ 답 ①○ ②○ ③✕ ④✕ ⑤○ ⑥○

③ 인간뿐만 아니라 자연 현상에도 관심을 기울이던 시대였다.
④ 르네상스는 고대 그리스와 로마 문화를 되살리려는 운동이다.

이탈리아

기원전

753년 로마 건국

509년 로마 공화정 시작

264년 제1차 포에니 전쟁

218년 제2차 포에니 전쟁

149년 제3차 포에니 전쟁

133년 티베리우스 그라쿠스의 개혁

123년 가이우스 그라쿠스의 개혁

49년 카이사르, 로마 진격

44년 카이사르 암살

27년 옥타비아누스 초대 황제의 등장, 로마 제정 시작

기원후

64년? 베드로의 순교

313년 크리스트교 공식 인정

330년 콘스탄티누스 대제, 비잔티움으로 천도

380년 크리스트교 국교화

395년 로마 제국 동서 분열

476년 서로마 제국 멸망

534년 《로마법 대전》 완성

870년 프랑크 왕국이 독일, 프랑스, 이탈리아로 분열

1096년 십자군 원정 시작

1453년 동로마 제국 멸망

1497년 레오나르도 다빈치 〈최후의 만찬〉 완성

그라쿠스 형제

옥타비아누스

베드로

십자군 원정

세계사	한국사
기원전	**기원전**
3500년경 메소포타미아 문명 등장	2333년 고조선 건국
2500년경 인더스·황허 문명 등장	57년 신라 건국
1750년경 《함무라비 법전》 제정	37년 고구려 건국
770년 중국 춘추 전국 시대 시작	18년 백제 건국
221년 진, 중국 통일	**기원후**
기원후	532년 신라, 금관가야 병합
96년 불교, 중국에 전파	562년 대가야 멸망
375년 게르만족 대이동 시작	660년 백제 멸망
622년 헤지라(이슬람의 기원 원년)	668년 고구려 멸망
875년 중국 황소의 난(~884)	698년 발해 건국
1066년 노르만, 잉글랜드 정복	918년 고려 건국
1077년 카노사의 굴욕	926년 발해 멸망
1206년 칭기즈 칸, 몽골 장악	935년 신라 멸망
1302년 프랑스 삼부회 소집	1392년 고려 멸망, 조선 건국
1337년 영국–프랑스, 백 년 전쟁(~1453)	1443년 훈민정음 창제
1440년경 구텐베르크, 활판 인쇄술 발명	1485년 《경국대전》 간행